Changer de modèle

Philippe Aghion
Gilbert Cette
Élie Cohen

Changer de modèle

Odile Jacob

Ce livre a été élaboré avec la collaboration
d'Antonin Bergeaud

15, RUE SOUFFLOT, 75005 PARIS

www.odilejacob.fr

ISBN 978-2-7381-3023-5

Introduction

Changer de modèle ! Le titre sonne comme un slogan mais change-t-on jamais de modèle ? N'est-ce pas là une manifestation de l'*hubris* des économistes déterminés à changer le monde à partir de leurs concepts, mais incapables de comprendre le temps politique, ses contraintes et ses vertus et qui théorisent leur impatience en prétendant exercer le monopole de l'expertise politique ? Changer de modèle, c'est prétendre changer les institutions, orienter les comportements et façonner les sociétés. Bref, pris à la lettre, ce programme serait une manifestation supplémentaire de la prétention des économistes à vouloir tout conceptualiser et tout résoudre, comme si les sociétés se fabriquaient à partir de modèles !

Deux constats nous ont pourtant conduits à braver ces critiques légitimes et à écrire ce livre. Le premier est celui d'un décrochage progressif mais continu de notre économie depuis plus de dix ans : un déclin inexorable de nos exportations et de notre industrie, une croissance atone, un chômage en hausse continue, une envolée des dépenses publiques et des prélèvements obligatoires pour des résultats limités, un pouvoir d'achat en ralentissement permanent, une augmentation des inégalités dès l'école. Le second est que la méthode des petites réformes a échoué : malgré l'urgence, la France n'a toujours pas restructuré ni même maîtrisé fondamentalement sa dépense publique, ni réformé le marché du travail ou le marché des biens et services de façon significative, ni modernisé son école ou ses universités ou son système de formation professionnelle pour les rendre plus efficaces.

Une première explication de l'inertie tient aux contraintes politiques : il n'y a tout simplement pas de majorité pour des réformes qui multiplient les perdants à court terme. Comme l'a dit Junker : « On sait tous ce qu'il faut faire mais on ne sait pas comment se faire réélire après. » Que les différentes tentatives de réformes françaises aient buté comme en 1995 sur des soulèvements et une paralysie du pays ou, pour des réformes moindres, sur une coalition d'oppositions d'élus et de corporations ayant entraîné le retrait des réformes envisagées est une évidence.

Mais ces arguments ne sauraient être décisifs car ils reflètent l'impuissance de politiques qui ont renoncé à l'action réformatrice alors que dans tant d'autres pays celle-ci a été couronnée de succès. L'idée de ce livre est que le problème est plus fondamental : il réside dans les représentations théoriques et mentales qu'ont les individus, les organisations sociales et les partis politiques, à la fois sur l'état de notre société et sur l'effet de différentes politiques économiques ou changements institutionnels.

En effet, comment réformer quand il n'y a consensus ni sur le diagnostic, ni sur les solutions désirables, ni sur les outils mobilisables ? Nos concitoyens et nos élus, de quelque bord qu'ils soient, ont souvent une représentation décalée des réalités ou des mécanismes économiques. Ils sont souvent convaincus que la croissance est affaire de consommation et non d'efficacité productive, et que la protection aux frontières plus que la conquête des marchés est la solution pour promouvoir l'emploi. Nombreux également sont ceux qui pensent que le capital est sous-imposé en France et que, en revanche, l'impôt sur la consommation (la TVA) est le pire impôt qui soit. Nombreux sont ceux qui jugent que la France est un pays très inégalitaire et que c'est *ex post*, par les seuls transferts monétaires, plutôt qu'*ex ante* en stimulant la mobilité sociale et professionnelle, qu'on y remédie. Nombreux enfin sont ceux qui croient que le problème est le marché et que la solution est toujours l'État et qu'en particulier une subvention ou une niche peuvent corriger les effets négatifs de l'impôt. Or le passage d'une économie de rattrapage relativement fermée à une économie mondialisée, où la croissance résulte de plus en plus de l'innovation, oblige à remettre en cause toutes ces fausses évidences, autrement dit à changer nos modes de pensée, pour ensuite pouvoir agir autrement.

Changer les mentalités et les modes de pensée prend du temps, alors qu'il y a urgence à réformer l'État et l'organisation de notre économie. Là, réside le dilemme de l'action publique : les mentalités ne changent que sur la longue durée alors qu'il y a urgence à agir. Il faut donc réformer tout en bousculant les idées reçues et en faisant la pédagogie de la réforme.

Ce livre montre pourquoi et comment il faut changer nos modes de pensée pour changer de modèle économique et institutionnel. Pour sortir la France du déclin et assurer une prospérité durable à ses citoyens, il faut en effet un nouveau modèle de croissance. Un modèle de croissance par l'innovation où de nouvelles entreprises et activités viennent sans cesse concurrencer et remplacer les entreprises et activités existantes. Et, en même temps, un modèle de croissance « *in*clusif », qui ne laisse personne sur le bord de la route. Un modèle qui prenne en compte les générations futures en proposant de rééquilibrer nos finances publiques à travers une réforme profonde de l'État et en incitant à l'innovation verte pour préserver l'environnement. Enfin, un modèle de croissance résolument progressiste parce que s'attaquant aux inégalités sociales à la racine, en équipant les individus et en réactivant la mécanique de la mobilité sociale, à commencer par l'école.

De fait, la formation est au cœur du modèle que nous avançons. Des études récentes montrent en effet que de bonnes performances au niveau de l'enseignement primaire et secondaire stimulent l'innovation et la croissance. Or, comme nous le verrons ci-après, les scores obtenus par la France aux tests PISA n'ont cessé de se détériorer au cours de la dernière décennie. Pire, la proportion d'élèves qui, à 15 ans, ne maîtrise pas les apprentissages fondamentaux s'élève dangereusement. Alors que la France était encore en 13e position en 2000, elle n'est plus que 25e en 2013. Pourtant, la Finlande qui fait beaucoup mieux que nous investit une part égale à la nôtre de son PIB dans l'éducation primaire et secondaire, ce qui suggère qu'on peut dépenser mieux, et pas seulement dépenser plus : mieux organiser le service public de l'éducation est un enjeu de croissance autant que d'éducation et de finances publiques. Enfin, la dégradation des performances moyennes de notre système éducatif est aggravée par un creusement des inégalités : non seulement le niveau global des jeunes Français baisse mais, en outre, la réussite scolaire dépend de plus en plus du milieu social des parents (revenus, éducation, etc.). La France est ainsi le pays de l'OCDE où les résultats scolaires sont le plus fortement corrélés à l'origine socio-économique. Autrement dit, l'école reproduit les inégalités liées à la naissance, à l'origine sociale et à la localisation géographique. Or ces inégalités ne se corrigent pas *ex post* (ou pas seulement) par l'impôt et la redistribution des revenus, mais plutôt en s'attaquant directement à la base, aux sources des inégalités à l'école, et plus généralement à tout ce qui bride la mobilité sociale.

Au-delà de l'école, les entraves à la mobilité sociale et à la croissance sont bien connues : rigidités et dualisme du marché du travail ; formation professionnelle inefficace ; barrières persistantes à l'entrée et à la concurrence sur le marché des biens et services ; multiplicité des régimes de retraite et d'assurance-maladie ; pénurie chronique de logements malgré une dépense budgétaire soutenue ; fiscalité opaque et désincitative ; État protéiforme qui n'empêche pas le développement d'un sentiment d'insécurité sociale… Sur chacun de ces aspects, nous essayons de poser un regard neuf en nous appuyant sur les travaux disponibles et en essayant de comprendre pourquoi les solutions mises en œuvre jusqu'à présent n'ont pas fonctionné.

Nos idées seront critiquées, le plus souvent pour des raisons contradictoires, ce qui est légitime. Certains diront qu'elles sont conventionnelles et déjà mises en œuvre par les pouvoirs publics, certes avec la lenteur qui sied à tout gouvernement démocratique. D'autres diront que nos idées sont empruntées à la boîte à outils néolibérale et par conséquent les rejetteront sous une étiquette infamante. C'est malheureusement trop souvent la règle du jeu dans le débat français. Enfin, d'autres encore feront justement remarquer que tous les domaines de l'intervention publique ne sont pas traités dans cet ouvrage, loin s'en faut.

Mais l'objectif de ce livre n'est pas d'être exhaustif, il est plutôt d'inciter le lecteur à raisonner autrement à la fois sur le diagnostic et sur les lignes de force d'un programme de réformes à la mesure des enjeux. En particulier, nous voulons contribuer au débat en soumettant à la critique les réponses données par d'autres aux mêmes problèmes et en restituant les évaluations qui en ont été faites. C'est ainsi que nous jaugerons les différentes propositions de réforme à l'aune de ce qui s'est fait dans d'autres pays développés, notamment dans les pays nordiques, les pays anglo-saxons et chez nos voisins rhénans. Par ailleurs, nous nous risquerons à une évaluation économétrique des effets de croissance à attendre du programme de réformes que nous proposons. En effet, plus que l'accumulation de mesures, nous plaidons ici pour la cohérence. Cohérence des politiques macroéconomiques et des politiques structurelles, cohérence de nos choix nationaux et de nos engagements européens, cohérence des mesures macro et des mesures sectorielles ou micro. Combien de fois n'a-t-on pas assisté au cours des derniers mois à des mesures contradictoires aggravées par une communication mal maîtrisée ? Le problème n'est pas de dire ce qu'il convient de faire en battant sa coulpe périodiquement parce que les résultats ne sont pas au rendez-vous, il est d'appliquer avec méthode et audace les orientations qui ailleurs, dans les mêmes circonstances, ont produit des résultats tangibles en saisissant les opportunités nationales et en inventant la voie politique qui rend possible ce qui est nécessaire.

Ce livre comporte sept chapitres. Le chapitre 1 procède à un état des lieux en quelques faits stylisés. Il se poursuit en décrivant les nouvelles opportunités de croissance que des réformes structurelles conséquentes peuvent nous permettre de saisir. Le chapitre 2 est intitulé « Penser autrement » : il énumère un certain nombre d'idées économiques rendues obsolètes par l'effet combiné de la mondialisation et du passage d'une économie de l'imitation et du rattrapage à une économie de l'innovation. Le chapitre 3 décrit les buts et les principes qui sous-tendent la stratégie de réformes que nous proposons : comment endiguer notre déclin et stimuler notre croissance tout en réduisant nos déficits et notre dette publics et en s'attaquant à la source des inégalités sociales ?

Les chapitres suivants portent sur les différents leviers de notre stratégie de réformes. Le chapitre 4 traite de la réforme de l'État et des dépenses publiques. Le chapitre 5 se concentre sur les réformes structurelles : formation et recherche, mobilisation des marchés du travail et des biens, politiques de lutte contre la pauvreté. Le chapitre 6 est consacré à la réforme fiscale : comment réformer notre système fiscal pour le rendre plus juste et plus efficace et, en même temps, plus incitatif pour l'innovation ? Enfin, le chapitre 7 propose une évaluation des effets macroéconomiques résultant d'une mise en œuvre globale des principales réformes proposées.

Nous concluons cet essai en replaçant le processus de réformes dans une perspective européenne.

Ce livre n'est pas écrit du point de vue de Sirius, ce n'est pas non plus un manifeste : il mobilise des raisonnements économiques tout en intégrant les contraintes d'économie politique, il prend à bras-le-corps les spécificités françaises, mais n'ignore pas les expériences étrangères, il formule des propositions de réformes, mais il évalue aussi leurs chances de succès dans le contexte politico-idéologique actuel. Il montre que rien n'est encore inexorablement perdu pour peu que nous sachions « changer de modèle ».

CHAPITRE 1

Enrayer le déclin

Depuis plus de dix ans, tous les paramètres de l'économie française se détériorent presque continûment. Le taux de chômage reste élevé, même en période de reprise économique ; les coûts salariaux ne s'ajustent pas, même en situation de fort chômage ; les parts de marché à l'exportation baissent, même quand la demande adressée à la France se renforce ; la situation financière de nos entreprises se dégrade, même lorsque le mouvement inverse s'observe chez nos plus proches voisins ; l'endettement des administrations publiques atteint des niveaux importants, alors que le taux de prélèvements obligatoires est l'un des plus élevés parmi les pays industrialisés, et une réelle maîtrise des dépenses s'avère impossible...

Tout se passe comme si la France était en proie à des politiques économiques inadaptées et à des marchés inefficients, dans un contexte global de plus en plus contraint. Pire encore, comme si l'action politique était impuissante et l'ajustement des marchés inopérant. La décennie écoulée aura été celle de la prise de conscience progressive du décrochage français, de la montée des angoisses face à la mondialisation. Ce fut aussi une décennie de rapports, de diagnostics, d'incitations à l'action. Nombre de réformes ont été initiées mais se sont rapidement ensablées.

Nous commencerons par dresser un état des lieux qui illustre ce déclin continu de notre économie. Mais nous montrerons ensuite que la politique économique n'est pas impuissante face à cette situation, que l'on peut agir sur la croissance en améliorant la productivité. Des réformes adaptées permettraient de saisir les opportunités technologiques et d'induire les gains de croissance nécessaires à la résorption des difficultés de notre économie.

L'état de la France en quelques faits stylisés

Un niveau de PIB par habitant qui décroche par rapport aux pays rhénans, anglo-saxons et nordiques

Depuis la décennie 1980, la performance de la France mesurée par l'évolution de la richesse produite par habitant (le PIB par habitant) s'est dégradée puisque non seulement son écart avec les États-Unis a cessé de se réduire mais aussi que la tendance s'est même inversée (*cf.* graphique 1.1). En d'autres termes, après avoir rattrapé régulièrement le niveau de richesse par habitant américain, la France se paupérise désormais par rapport aux États-Unis. Elle se paupérise également vis-à-vis de nombreux autres pays. La France ne reste dans la moyenne de la zone euro que parce que l'Italie et l'Espagne sont très en dessous de cette moyenne.

Graphique 1.1. PIB par habitant relativement au niveau des États-Unis (en %, en US $ 2005)

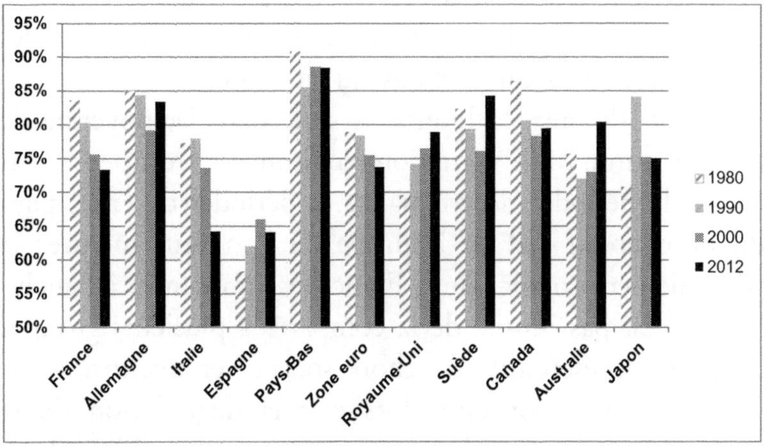

Source : Bergeaud, Cette et Lecat (2014)[1].

Les choix qui ont été ceux de la France depuis le début des années 1980, sous des gouvernements d'orientation politique variée, ont donc abouti à ce décrochage marqué de son niveau de PIB par habitant relativement à celui des États-Unis. Avec certes quelques inflexions un peu plus ou un peu moins sociales, selon qu'ils étaient de gauche ou de droite, les gouvernements qui se sont succédé, convaincus du particularisme de la France, ont mis en œuvre avec une application de bons élèves des politiques qui ont abouti à une paupérisation relative, mais continue de notre pays. Pourtant, la croissance et la réussite de certains pays n'ont pas nécessairement pour prix un développement inacceptable des inégalités : si l'on compare la France et la Suède, on voit que le PIB par habitant y était en 1980 comparable, alors qu'il est désormais supérieur de 10 points de pourcentage en faveur de la Suède, pourtant l'un des pays les plus égalitaires du monde. Et les 35 heures ne doivent pas être évoquées pour expliquer cette différence : le décrochage relatif vis-à-vis de la Suède est antérieur à leur mise en œuvre et la durée annuelle moyenne du travail est généralement plus courte dans les pays scandinaves ou rhénans qu'en France.

Depuis dix ans, la France se situe dans la moyenne de la zone euro. Mais cette comparaison est trompeuse, car elle mêle périodes de croissance et périodes de crise, pays du nord et du sud de l'Europe. Si l'on veut mesurer la véritable performance de la France et commencer à l'analyser, il n'est pas inutile de la comparer à plusieurs groupes de pays représentatifs de choix sociaux et institutionnels contrastés. On constate alors que la dégradation de la position relative de la France est générale (*cf.* tableau 1.1).

Ce décrochage s'observe par rapport aux pays « anglo-saxons » (États-Unis, Canada et Royaume-Uni), qui se caractérisent par de faibles niveaux de dépenses publiques, des politiques sociales orientées vers le *workfare*, et des politiques de l'emploi à faible coût budgétaire mettant l'accent sur la responsabilité individuelle dans la recherche d'emploi plutôt que sur celle de la collectivité. Il s'observe aussi par rapport aux pays « scandinaves » (Danemark, Finlande et Suède), où les dépenses publiques sont élevées et la politique sociale généreuse, et où des ressources publiques importantes sont affectées au fonctionnement du marché du travail et au placement des chômeurs, avec à la clé une conditionnalité des prestations ; la dépense pour l'emploi y est plus souvent active qu'ailleurs. Il s'observe enfin par rapport aux pays « rhénans » (Allemagne, Belgique et Pays-Bas), où la dépense publique est à un niveau intermédiaire, la politique sociale moins généreuse qu'en Scandinavie, la dépense pour l'emploi élevée mais les politiques de l'emploi moins actives et moins conditionnelles.

Le décrochage français vis-à-vis des États-Unis est, sauf entre 2000 et 2012, principalement lié à une diminution relative de la mobilisation au travail de la population en âge de travailler (ce point est développé plus loin). Entre 2000 et 2012, il s'explique par un affaiblissement de la productivité relative. Ces évolutions signifient que la France s'est davantage tournée vers le non-travail que les États-Unis et d'autres pays développés. Une telle évolution peut tout à fait se justifier si elle résulte véritablement d'un choix de société correspondant à un arbitrage valorisant davantage (relativement à d'autres pays) l'amélioration du niveau de vie moyen par plus de loisirs plutôt que plus de revenus par habitant. On verra cependant plus loin que tel n'est pas le cas : certains groupes au sein de la population française sont financièrement peu incités au travail, quand ils n'y

Tableau 1.1. PIB par habitant en France et dans trois groupes de pays de référence (en % du PIB par habitant des États-Unis ; en dollars de 2005 respectant la parité du pouvoir d'achat)

	France	Scandinaves	Rhénans	Anglo-Saxons
1995	74,8	73,5	82,5	85,2
2000	71,6	74,4	80,8	85,4
2007	70,2	78,7	81,7	87,4
2012	69,6	76,8	83,3	86,6

Source : OCDE, comptes nationaux ; calcul des auteurs.

Les chiffres donnés pour les pays scandinaves, rhénans et anglo-saxons correspondent respectivement aux moyennes du Danemark, de la Finlande et de la Suède pour les premiers, de l'Allemagne, de la Belgique et des Pays-Bas pour les seconds et des États-Unis, du Canada et du Royaume-Uni pour les troisièmes.

Lecture : En 1995, le niveau de produit intérieur brut par habitant en France était à 74,8 % du niveau de celui des États-Unis.

sont pas franchement désincités. C'est par exemple le cas des seniors de plus de 60 ans ou des personnes les moins qualifiées, et en particulier parmi elles les parents de jeunes enfants. Par ailleurs, certains dispositifs rendent l'accès à l'emploi plus difficile pour les entrants sur le marché du travail, et notamment pour les jeunes.

Nos travaux antérieurs[2] avaient déjà souligné que la France jouit d'une productivité élevée mais souffre de la faiblesse de l'input en travail. En réalité, cependant, ces deux observations ne sont pas indépendantes : le niveau élevé de la productivité horaire du travail en France provient d'une part de l'exclusion des individus les moins productifs de l'accès à l'emploi, d'autre part de la concentration de l'activité productive sur un petit nombre d'heures par semaine. Cette bonne performance productive est donc en partie artificielle. Il est possible, en la corrigeant[3], d'obtenir une vision plus juste de la réalité : l'avantage de productivité horaire moyenne de la France vis-à-vis des États-Unis s'explique totalement par la faible mobilisation de la population en âge de travailler.

Un effondrement de la compétitivité française

Si l'on considère la performance extérieure de la France telle qu'elle peut se mesurer par des indicateurs de balance courante, de parts de marché à l'exportation ou de flux directs d'investissements entrants et sortants, l'image qui se dégage est aussi peu favorable que celle du PIB par habitant.

Le solde des transactions courantes de la France par rapport aux trois groupes de référence a aussi évolué très négativement (*cf.* tableau 1.2). En 1995, la France était en excédent de balance courante (0,7 % du PIB) au même titre

Tableau 1.2. Solde des transactions courantes (en % du PIB)

	France	Scandinaves	Rhénans	Anglo-Saxons
1995	0,7	2,7	0,7	– 1,0
2000	1,5	4,5	– 0,1	– 1,5
2007	– 1,0	4,9	5,9	– 2,2
2012	– 2,2	3,7	6,3	– 3,4

Source : OCDE, comptes nationaux ; calcul des auteurs.

Les chiffres donnés pour les pays scandinaves, rhénans et anglo-saxons correspondent respectivement aux moyennes du Danemark, de la Finlande et de la Suède pour les premiers, de l'Allemagne, de la Belgique et des Pays-Bas pour les seconds et des États-Unis, du Canada et du Royaume-Uni pour les troisièmes.

que les pays scandinaves (2,7 %) et les pays rhénans (0,7 %) mais à la différence des pays anglo-saxons qui avaient déjà un solde négatif (– 1,0 %). En 2012, le solde des transactions courantes de la France est largement négatif (– 2,2 % du PIB) alors que celui des pays scandinaves et rhénans est largement positif (respectivement + 3,7 % et + 6,3 %). Le solde des transactions courantes des pays anglo-saxons a connu également un déficit croissant, mais le creusement est moindre que pour la France (de 1995 à 2012, le solde se dégrade de 2,9 points de PIB en France contre 2,4 points de PIB dans les pays anglo-saxons).

Un tel résultat s'explique d'abord par la panne de 2003. Au moment où le décollage des émergents accroît sensiblement la demande adressée aux pays occidentaux et où des pays comme l'Allemagne et l'Italie se saisissent de cette opportunité, la France est comme figée. Un indicateur témoigne de cette panne : alors que les taux d'extraversion des économies française et allemande sont comparables au début des années 2000 (à environ 26 %

du PIB), il est supérieur de près de 20 points (à 46 %) en Allemagne en 2012 à celui de la France, qui n'a pratiquement pas bougé. Cette stabilité en France contraste avec la progression importante observée en Europe dans les économies scandinaves et rhénanes (*cf.* tableau 1.3).

En termes de parts de marché, le recul français a ceci de notable qu'il s'opère globalement (près de 30 % de pertes de parts de marché) au sein de l'Europe (la part de marché des exportations intracommunautaires de la France passe de 12,7 % en 2000 à 9,3 % en 2011), et ce pratiquement dans tous les secteurs et toutes les zones économiques. La performance relative de la France par rapport aux grands pays de la zone euro est encore plus défavorable. À l'indice 100 en 1999, les exportations de produits manufacturés français sont passées à l'indice 75 en 2012 contre 85 pour l'Italie, 110 pour l'Espagne et 115 pour l'Allemagne.

Tableau 1.3. Taux d'extraversion moyen des économies (en %)

	France	Scandinaves	Rhénans	Anglo-Saxons
1995	19,4	31,0	34,7	19,9
2000	25,3	39,7	44,5	24,7
2007	27,8	47,3	56,2	26,2
2012	28,6	48,3	60,6	26,2

Source : OCDE, comptes nationaux ; calcul des auteurs.

Le taux d'extraversion est la demi-somme des importations et des exportations exprimée en pourcentage du PIB. Il caractérise une économie tournée vers les échanges internationaux.

Les chiffres donnés pour les pays scandinaves, rhénans et anglo-saxons correspondent respectivement aux moyennes du Danemark, de la Finlande et de la Suède pour les premiers, de l'Allemagne, de la Belgique et des Pays-Bas pour les seconds et des États-Unis, du Canada et du Royaume-Uni pour les troisièmes.

Enfin, même si l'interprétation des statistiques des investissements directs à l'étranger (IDE) est ambiguë car de forts IDE entrants peuvent signifier que des entreprises françaises sont rachetées sans bénéfice pour la création d'activités nouvelles, force est de constater la confirmation d'une tendance ancienne, à savoir le fait que la France exporte plus de capitaux qu'elle n'en reçoit, et une tendance plus récente, à savoir l'érosion de la position de la France comme destination d'IDE entrants, ce qui est un signe négatif.

Les grands groupes industriels français font, comme en témoigne la stratégie de localisation de Renault, le choix du maintien des sites français de production dont ils gèrent le déclin, et réalisent leur croissance hors de France en recréant des écosystèmes industriels complets dans les pays émergents. Les firmes allemandes font un choix différent de maîtrise de la chaîne de valeur en Allemagne et de délocalisation/externalisation de fragments de cette chaîne de valeur dans les PECO (pays de l'Europe centrale et orientale), qui disposent d'un capital humain important et à moindre coût.

Ces évolutions défavorables du commerce extérieur accompagnent la désindustrialisation accélérée de la France. On sait que l'industrie est décisive pour le commerce extérieur (plus de 85 % des exportations françaises sont des produits manufacturés). Or les dix dernières années ont vu le déclin industriel français s'accélérer. Le rapport Gallois[4] en fournit des illustrations non équivoques : la part de l'industrie dans la valeur ajoutée totale est passée en France de 18 % en 2000 à 12,5 % en 2011, faisant en ce domaine de la France le 15e pays (sur 17) de la zone euro, bien loin derrière l'Italie (18,6 %), la Suède (21,2 %) et bien sûr l'Allemagne (26,2 %). L'emploi industriel a suivi la même pente, il représentait 26 % de l'emploi total en 1980 contre 12,6 % en 2011, ce qui correspond, comme le rappelle le rapport Gallois, à une perte de 2 millions d'emplois industriels en trente ans.

Longtemps, un âpre débat a partagé les experts et les responsables politiques quant aux causes de l'effondrement industriel et de sa traduction en termes de pertes de marchés à l'exportation. À droite, c'est dans la dégradation continue de la compétitivité-coût qu'il fallait chercher la cause essentielle. La montée continue du coût du travail et des prélèvements fiscaux sur le cycle de production expliquerait l'érosion continue des positions françaises. À gauche, c'est dans l'inaptitude des patrons français à monter la chaîne de valeur en innovant, en diversifiant leurs gammes de produits, en bâtissant des marques porteuses d'images de qualité et de fiabilité que résiderait la source du lent déclin. Les données sur la situation financière des entreprises permettent de trancher le débat.

Une dégradation ancienne de la situation financière des entreprises

L'état dégradé des marges des entreprises françaises rend vain le débat sur les insuffisances d'innovation ou d'efforts d'exportation des entreprises françaises. En effet, comment innover, diversifier, investir dans les nouvelles technologies de l'information et de la communication (NTIC) et la prospection des marchés quand les marges s'effondrent ? Et à l'inverse, comment prétendre fixer des prix rémunérateurs à l'export quand les produits sont moyen-bas de gamme et que la concurrence vient des émergents ou des pays du sud de l'Europe ? Entre 1990 et 2012, le taux de marge* des sociétés non financières (SNF) françaises est

---

* Le taux de marge rapporte, en pourcentage, l'excédent brut d'exploitation (valeur ajoutée moins coûts du travail) à la valeur ajoutée.

passé de 32 à 29 %, et sur la même période de 34 à 40 % en Allemagne après y avoir connu un pic à 44 % avant crise. Si l'on voulait égaliser les conditions de concurrence entre firmes allemandes et françaises, c'est 10 % de taux de marge, soit 100 milliards d'euros, qu'il faudrait transférer aux entreprises françaises. Cet indicateur de taux de marge est moins bien orienté en France que dans les pays scandinaves, rhénans ou anglo-saxons (*cf.* tableau 1.4).

Le taux de marge est un indicateur cependant insuffisant pour comparer la situation financière moyenne des entreprises entre pays. Il est en effet influencé par l'organisation de la fiscalité et par les modalités de financement des entreprises. Le taux d'épargne, qui rapporte l'épargne brute des sociétés*, paraît plus approprié pour une telle comparaison. À cet égard, la situation financière des SNF françaises paraît particulièrement dégradée (*cf.* graphique 1.2). En effet, le taux d'épargne des SNF est orienté à la baisse

Tableau 1.4. Taux de marge des sociétés non financières (SNF) (en % de la valeur ajoutée)

	France	Scandinaves	Rhénans	Anglo-Saxons
1995	32,0	41,3	37,0	33,2
2000	32,0	40,3	39,0	30,8
2007	32,9	39,5	43,2	33,7
2011	30,2	37,8	40,9	33,9

Source : Eurostat, comptes nationaux ; calcul des auteurs.

Les chiffres donnés pour les pays scandinaves, rhénans et anglo-saxons correspondent respectivement aux moyennes du Danemark, de la Finlande et de la Suède pour les premiers, de l'Allemagne, de la Belgique et des Pays-Bas pour les seconds et ici du Canada et du Royaume-Uni pour les troisièmes.

* Valeur ajoutée moins coûts du travail, moins impôts sur les bénéfices et moins la rémunération de la propriété sous forme de dividendes et d'intérêts versés.

Graphique 1.2. Taux d'épargne des sociétés non financières (SNF) (en % de la valeur ajoutée)

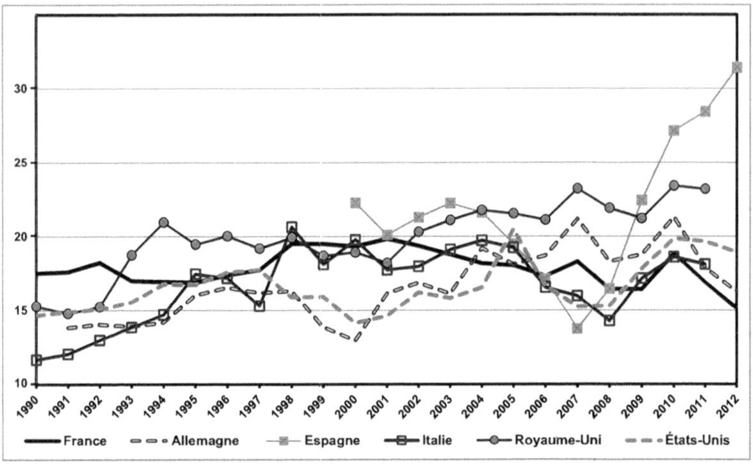

Source : Cette et Sylvain (2013)[5].

en France depuis le début de la décennie 2000, ce qui n'est observé dans aucun autre pays. La dégradation de la situation financière des entreprises françaises apparaît donc comme structurelle, et bien antérieure à la crise.

Par ailleurs, il est utile de souligner que, contrairement à beaucoup d'idées reçues, le partage de la valeur ajoutée apprécié par le taux de marge ou par le taux d'épargne ne s'est pas, sur longue période, déformé en faveur des entreprises. Il est demeuré à peu près stabilisé de la fin des années 1980 jusqu'à la crise pour le taux de marge et jusqu'au début des années 2000 pour le taux d'épargne, à des niveaux proches de ceux observés avant le premier choc pétrolier. Et il connaît ensuite la forte baisse qui vient d'être commentée[6].

Cette situation financière des entreprises, très dégradée, n'est pas sans conséquences sur leur capacité à financer des efforts d'innovation.

Malgré une politique favorable, l'effort de R&D des entreprises décroît

La descente en gamme de la production française ne manque pas d'étonner pour un pays qui a fait des industries de pointe, des grands programmes technologiques et de l'impératif de Lisbonne l'alpha et l'oméga de sa politique. L'analyse de l'évolution dans le temps de l'effort de R&D du pays livre pourtant une image moins probante. En 1995, la France dépensait en R&D 2,3 % de son PIB et seuls les pays scandinaves faisaient mieux avec 2,4 % (*cf.* tableau 1.5). En 2011, la France dépense toujours 2,3 % de son PIB en R&D et elle est plus nettement qu'auparavant dépassée par les Scandinaves (3,4 %) mais aussi par les Rhénans (2,5 %), les Anglo-Saxons, quoique améliorant leur position, demeurant plus bas (à 2,1 %). Mais l'effort global de R&D n'est pas une bonne mesure de l'innovation, ce sont les dépenses des entreprises qui donnent la meilleure indication de la capacité à convertir des idées en marchés et donc en sources d'activités. Or si la France et l'Allemagne étaient au même niveau en 1995, avec une dépense des entreprises qui représentait 1,4 % du PIB, en 2009 l'écart s'est creusé (1,4 % pour la France contre 1,9 % pour l'Allemagne en 2011).

Tableau 1.5. Dépense intérieure de R&D (en % du PIB)

	France	Scandinaves	Rhénans	Anglo-Saxons
1995	2,3	2,4	1,9	2,0
2000	2,2	3,1	2,1	2,1
2007	2,1	3,2	2,3	2,2
2011	2,3	3,4	2,5	2,1

Source : OCDE ; calculs des auteurs.

Les chiffres donnés pour les pays scandinaves, rhénans et anglo-saxons correspondent respectivement aux moyennes du Danemark, de la Finlande et de la Suède pour les premiers, de l'Allemagne, de la Belgique et des Pays-Bas pour les seconds et des États-Unis, du Canada et du Royaume-Uni pour les troisièmes.

La dégradation de la situation financière des entreprises françaises contribue sans doute fortement à expliquer cette faible dépense en R&D des entreprises. Les difficultés financières amènent à sacrifier les dépenses de long terme comme la R&D, pourtant essentielles pour les gains de performance et de compétitivité.

Un niveau de chômage élevé persistant et des taux d'emploi très bas pour les seniors et surtout les jeunes

Si l'on essaie d'apprécier la contribution de l'emploi à la performance globale, on constate que même si la France améliore dans le temps le taux d'emploi de sa population de 15-64 ans par rapport aux trois groupes de pays de référence, c'est en France que ce taux est le plus faible (*cf.* tableau 1.6 et graphique 1.3). De plus, le taux de chômage, qui était déjà parmi les plus importants en 1995, est de loin le plus élevé au terme de la période de comparaison (*cf.* tableau 1.7).

Tableau 1.6. Taux d'emploi de la population âgée de 15 à 64 ans (en %)

	France	Scandinaves	Rhénans	Anglo-Saxons
1995	59,5	68,6	66,0	69,5
2000	62,1	72,2	69,0	72,1
2007	64,3	73,8	72,1	72,3
2012	63,9	71,9	73,5	69,8

Sources : OCDE, Eurostat ; calculs des auteurs.

Les chiffres donnés pour les pays scandinaves, rhénans et anglo-saxons correspondent respectivement aux moyennes du Danemark, de la Finlande et de la Suède pour les premiers, de l'Allemagne, de la Belgique et des Pays-Bas pour les seconds et des États-Unis, du Canada et du Royaume-Uni pour les troisièmes.

Tableau 1.7. Taux de chômage de la population active (en %)

	France	Scandinaves	Rhénans	Anglo-Saxons
1995	10,2	10,3	6,4	7,6
2000	8,6	6,6	4,9	5,2
2007	8,1	5,6	5,6	5,0
2012	10,0	7,7	5,0	7,4

Sources : OCDE, Eurostat ; calculs des auteurs.

Les chiffres donnés pour les pays scandinaves, rhénans et anglo-saxons correspondent respectivement aux moyennes du Danemark, de la Finlande et de la Suède pour les premiers, de l'Allemagne, de la Belgique et des Pays-Bas pour les seconds et des États-Unis, du Canada et du Royaume-Uni pour les troisièmes.

La comparaison plus attentive des taux d'emploi (proportion d'une population en emploi) en France et dans les trois groupes de pays précédemment évoqués (rhénans, scandinaves et anglo-saxons) fait apparaître que l'écart entre la France et ces trois groupes est particulièrement marqué pour les deux classes d'âge extrêmes : les jeunes (15 à 24 ans) et les seniors (55 à 64 ans).

Cependant, depuis 1995, les évolutions des taux d'emploi sont très différenciées selon les classes d'âge. En particulier, le taux d'emploi des jeunes (15 à 24 ans) demeure à peu près stabilisé à un bas niveau (25 à 30 %) sur toute la période tandis que le taux d'emploi des seniors (55 à 64 ans) augmente presque continûment depuis le début des années 2000, gagnant près de 15 points de pourcentage (il passe d'environ 30 à 45 %), soit une augmentation de plus d'un point par an*. Cela signifie que la spécificité française de bas taux d'emploi pour les deux catégories d'âge extrêmes (les jeunes et les seniors) est en train de disparaître pour les seniors alors qu'elle demeure préoccupante pour les jeunes.

L'écart concernant le taux d'emploi des jeunes s'explique par le fait que, dans d'autres pays, les jeunes cumulent souvent un emploi à temps réduit, voire à temps très réduit, avec la poursuite de leurs études[7]. La France se caractérise donc par une situation plus binaire que les autres pays : les jeunes sont en études ou en emploi, mais plus rarement les deux simultanément. Or il nous semble que ce cumul, dont des analyses montrent qu'il n'est pas préjudiciable pour la réussite des études si l'emploi est à temps réduit ou très réduit, présente deux avantages. Tout d'abord, bien sûr, il induit une élévation du PIB et cette richesse produite supplémentaire correspond à une augmentation du PIB par habitant.

* L'augmentation très forte du taux d'emploi des seniors est sans doute liée aux réformes successives des retraites, à la disparition des dispositifs de préretraites et de dispense de recherche d'emploi et au report de 65 à 70 ans des décisions unilatérales de l'employeur pour le départ en retraite des salariés. Cette tendance ne semble pas épuisée et nul ne doute que la réforme des retraites décidée en 2013, augmentant le nombre d'annuités de cotisation nécessaires pour bénéficier d'une retraite complète, contribuera à la prolonger.

Graphique 1.3. Taux d'emploi en 2012 (en %)

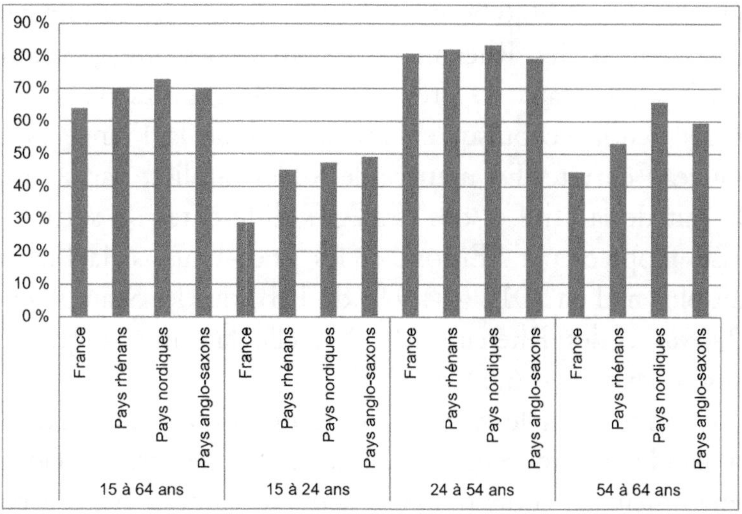

Source : OCDE.

Les chiffres donnés pour les pays scandinaves, rhénans et anglo-saxons correspondent respectivement aux moyennes du Danemark, de la Finlande et de la Suède pour les premiers, de l'Allemagne, de la Belgique et des Pays-Bas pour les seconds et des États-Unis, du Canada et du Royaume-Uni pour les troisièmes.

Ensuite, l'insertion professionnelle qu'elle représente, même faible, peut influencer de façon pertinente des orientations d'études et diminuer les situations d'entrée parfois tardive sur le marché du travail au terme de formations longues et inadaptées.

Une situation très dégradée des finances publiques

La dépense publique en France était moindre (54,4 % du PIB) en 1995 que dans les pays scandinaves (61,9 %) ou dans les pays rhénans (55,9 %) (*cf.* tableau 1.8). En fin de période, la France est leader de la dépense publique, qui représente 56,6 % du PIB, suivie par les Scandinaves (avec 56 %), les Rhénans (48,8 %) et les Anglo-Saxons (43,7 %). Le taux de prélèvements obligatoires obéit à la même tendance puisqu'en fin de période la France est à nouveau en tête. En matière de soldes publics, par contre, du fait de la crise et des stratégies différentes de sortie de crise adoptées par l'Europe et les États-Unis, si la France fait plus mal en 2012 (– 4,9 % du PIB) que les Scandinaves (2,4 %) et les Rhénans (2,1 %), elle fait mieux que les Anglo-Saxons (– 6,6 %).

Comme a pu le dire en forme de boutade le président Hollande, la croissance continue de la dépense publique, notamment au cours des cinq dernières années, ne s'est pas traduite par une amélioration visible du service rendu à la population.

Au sein des principaux pays de l'Europe de l'Ouest, la France fait partie de ceux dans lesquels la dynamique de la dette publique a été la plus défavorable de 2000 à 2012

Tableau 1.8. Dépense publique (en % du PIB)

	France	Scandinaves	Rhénans	Anglo-Saxons
1995	54,4	61,9	55,9	42,5
2000	51,7	52,4	47,1	36,8
2007	52,6	49,7	45,8	39,4
2012	56,6	56,0	48,8	43,7

Sources : OCDE, Eurostat, comptes nationaux ; calculs des auteurs.

Les chiffres donnés pour les pays scandinaves, rhénans et anglo-saxons correspondent respectivement aux moyennes du Danemark, de la Finlande et de la Suède pour les premiers, de l'Allemagne, de la Belgique et des Pays-Bas pour les seconds et des États-Unis, du Canada et du Royaume-Uni pour les troisièmes.

(*cf.* graphique 1.4). Sur cette période, la dette publique a augmenté de près de 35 points de PIB alors qu'elle baissait dans certains pays (Suède et Danemark par exemple). L'augmentation de la dette publique n'a été plus rapide que dans trois des pays ici considérés : le Portugal, la Grèce et le Royaume-Uni, le cas de ce dernier pays étant particulier du fait d'une détention directe importante de titres publics par la Banque centrale elle-même. Si la comparaison est élargie à l'ensemble des 28 pays de l'Union européenne, un seul autre pays a connu sur cette période une dynamique de la dette plus défavorable : l'Irlande, du fait de la nationalisation d'établissements bancaires en grande difficulté durant la crise. Ainsi, même des pays en crise comme l'Italie et l'Espagne ont connu une trajectoire plus maîtrisée de la dette publique. La France apparaît donc comme un des pays les moins capables de contrôler la dynamique de sa dette publique, malgré un niveau de prélèvements parmi les plus élevés, sinon désormais le plus élevé.

Graphique 1.4. Taux d'endettement brut des administrations publiques dans les pays européens (en % du PIB)

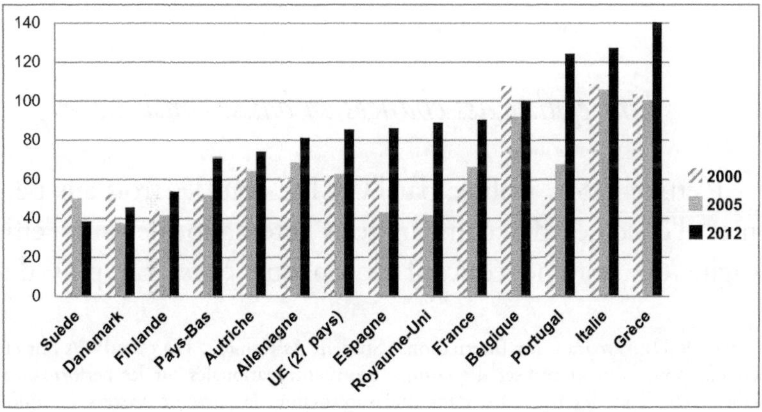

Source : Eurostat.

Il résulte de cette dynamique qu'en 2012 la France compte désormais, au sein des 28 pays de l'Union européenne, parmi ceux dans lesquels la dette publique est la plus élevée. Elle n'est dépassée que par cinq pays : la Belgique, l'Irlande, le Portugal, l'Italie et la Grèce. Les quatre derniers font partie de ceux qui ont été les plus touchés par la crise, dès 2008. Le premier est en train de développer une stratégie de désendettement qui semble commencer à porter ses fruits.

La mise en œuvre d'une stratégie de désendettement public est impérative. Mais la consolidation des finances publiques et le désendettement des administrations ne peuvent s'envisager par une augmentation des prélèvements, la France étant déjà l'un des pays (sinon le pays) où le taux de prélèvements obligatoires est le plus fort. Le risque serait, sans quoi, d'alimenter un rejet fiscal, déjà bien latent, de l'opinion. La seule voie à envisager est la baisse des dépenses, mais la France s'en est montrée incapable sur les dix dernières années. L'un des challenges importants de l'économie française est pourtant là, et des orientations en ce sens seront proposées plus loin dans cet ouvrage.

Une égalité des chances en baisse continue

L'étude PISA* réalisée par l'OCDE tous les trois ans permet d'effectuer des comparaisons internationales sur l'efficacité du système éducatif de chaque pays. En plus des

* OCDE, Program for International Student Assessment. Les tests PISA ont été conçus pour pouvoir réaliser des comparaisons internationales sur les performances éducatives. Tous les trois ans, dans une soixantaine de pays, un vaste échantillon d'élèves, aléatoirement sélectionnés, passe des épreuves similaires de lecture, de mathématiques et de sciences.

Tableau 1.9. Comparaison des résultats du PISA en termes d'égalité du système éducatif entre 2003 et 2012.

	France		Allemagne		Finlande		OCDE	
	2012	**2003**	**2012**	**2003**	**2012**	**2003**	**2012**	**2003**
Corrélation entre le milieu socio-économique et la performance aux résultats PISA (%)	22,5	19,6	16,9	22,8	9,4	10,8	14,6	16,8
Augmentation du score moyen avec une augmentation de 1 point de l'indice de statut socio-économique	57	43	43	47	33	33	39	N/A
Élèves issus de milieux socio-économiques difficiles atteignant un score parmi les 25 % meilleurs (taux de résilience, en %)	4,9	7,4	7	5,6	7,3	10,7	6,1	6,4
Différence de score entre un élève issu de l'immigration et un élève autochtone	67	54	54	81	85	73	37	47

Sources : OCDE, PISA 2003 et PISA 2012.

résultats en mathématiques et en lecture, plusieurs informations concernant le profil des élèves sont données, ce qui permet de se livrer à des études plus fines. Par exemple, l'OCDE répartit les élèves suivant un indice reflétant le statut socio-économique (indice ECSC) prenant en compte, entre autres indicateurs, le niveau d'éducation des parents, la taille de la bibliothèque familiale, la présence ou non d'un bureau pour travailler et, bien sûr, la richesse du foyer. Cet indice permet d'obtenir des résultats présentant l'influence du milieu socio-économique sur les performances. Le tableau 1.9 et le graphique 1.5 résument quelques-uns de ces résultats.

La France possède un système éducatif fortement inégalitaire et cette caractéristique s'aggrave depuis dix ans, comme le montre la comparaison des résultats du PISA entre 2003 et 2012. Pourtant, en Allemagne et en Finlande, et pour la moyenne de l'OCDE, les inégalités tendent à diminuer

Graphique 1.5. Importance du milieu socio-économique dans les résultats du PISA en mathématiques. Différence entre 2012 et 2003 (en %)

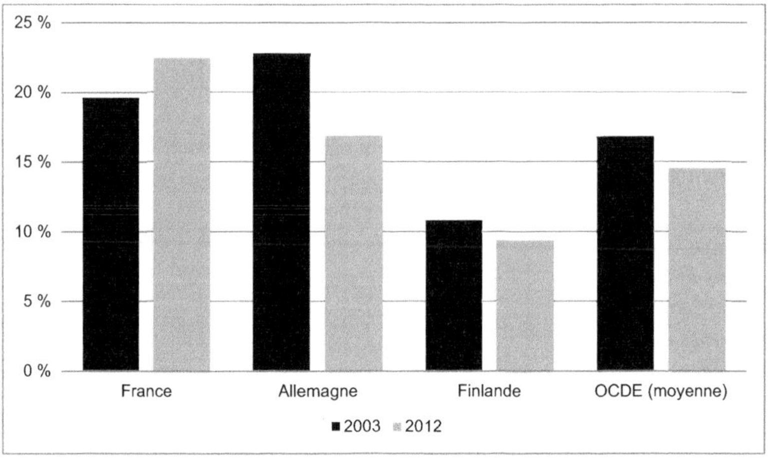

Sources : OCDE, PISA 2003 et PISA 2012.

sur la même période. Si on prend l'exemple de l'Allemagne, on constate même que si le système éducatif français était bien moins inégalitaire en 2003, c'est aujourd'hui l'inverse. Le milieu socio-économique d'origine a ainsi une influence importante sur les performances : 22 % de corrélation en 2012 contre « seulement » 19,6 % en 2003, c'est-à-dire que les résultats aux tests sont aujourd'hui expliqués pour près d'un quart par le milieu d'origine. Seuls six autres pays atteignent aujourd'hui des niveaux comparables à la France : il s'agit de l'Uruguay, du Chili, de la Bulgarie, de la Hongrie, du Pérou et de la République tchèque !

Autre indicateur intéressant, le taux de résilience. Parmi les élèves défavorisés (les 25 % au plus bas de l'échelle pour l'indice ECSC défini plus haut), certains obtiennent néanmoins de très bonnes performances aux tests PISA (25 % des meilleurs scores). La proportion de tels élèves est appelée « taux de résilience ». Mais ce taux est trop bas en France et bien inférieur à la moyenne de l'OCDE. Pire, si celui-ci augmente en Allemagne et en Italie de façon significative (il était de 5,3 % en Allemagne en 2003), il chute en France et passe de 7,4 % à 4,9 % en dix ans. Il semble ainsi que la France favorise largement et de plus en plus les élèves issus de milieux favorisés. Sans surprise, l'écart entre les élèves issus de milieux favorisés, voire très favorisés, et les autres est particulièrement visible en France. Ainsi, si l'on ne tient compte, pour chaque pays, que du premier quart de la population en termes de statut socio-économique, la France se classe 13e sur 65 en mathématiques alors qu'elle n'est que 25e au classement général. En revanche, si l'on ne regarde que les élèves défavorisés, la France se classe 33e !

Enfin, il apparaît que la France donne moins de chances aux élèves issus de l'immigration, puisque ceux-ci sont largement plus susceptibles de compter parmi les moins bons résultats que leurs camarades. Et ce constat reste vrai même en contrôlant les valeurs par le milieu socio-économique. Un élève issu de l'immigration a ainsi 2,3 fois plus de chances d'obtenir un résultat situé dans le quartile le plus bas contre 1,7 fois dans l'ensemble de l'OCDE. Encore une fois, cet indicateur se détériore de façon spectaculaire en dix ans puisque le score moyen est de 67 points supérieur pour le groupe d'élèves « autochtones » alors qu'il était de 54 points en 2003.

Les inégalités de salaires et de revenus : le paradoxe français

Comparée aux autres pays, la France connaît une situation paradoxale en termes d'inégalités de salaires et de revenus.

En ce qui concerne les inégalités salariales entre salariés à temps plein tout d'abord, mesurées par le rapport entre le 9e et le 1er décile (D9/D1) de salaire brut, la situation française apparaît unique : les inégalités diminuent presque continuellement sur la longue période alors qu'elles augmentent dans les pays scandinaves et qu'elles sont à peu près stabilisées dans les pays anglo-saxons et les pays rhénans (*cf.* graphique 1.6). En 2010, le niveau d'inégalités salariales entre salariés à temps plein appréhendées par cet indicateur D9/D1 est en France beaucoup plus élevé que dans les pays scandinaves, un peu plus élevé que dans les pays rhénans mais beaucoup plus faible que dans les pays anglo-saxons. Comment expliquer la baisse très particulière de cet indicateur d'inégalités salariales en France ? Sans doute en grande partie par les fortes revalorisations du Smic depuis sa création en 1970. En effet, le Smic a été sur toute la période beaucoup plus dynamique que la moyenne, la médiane ou le 9e décile des salaires[8].

Graphique 1.6. Inégalités salariales. Rapport D9/D1 du 9e décile sur le 1er décile de salaire brut des salariés à temps plein

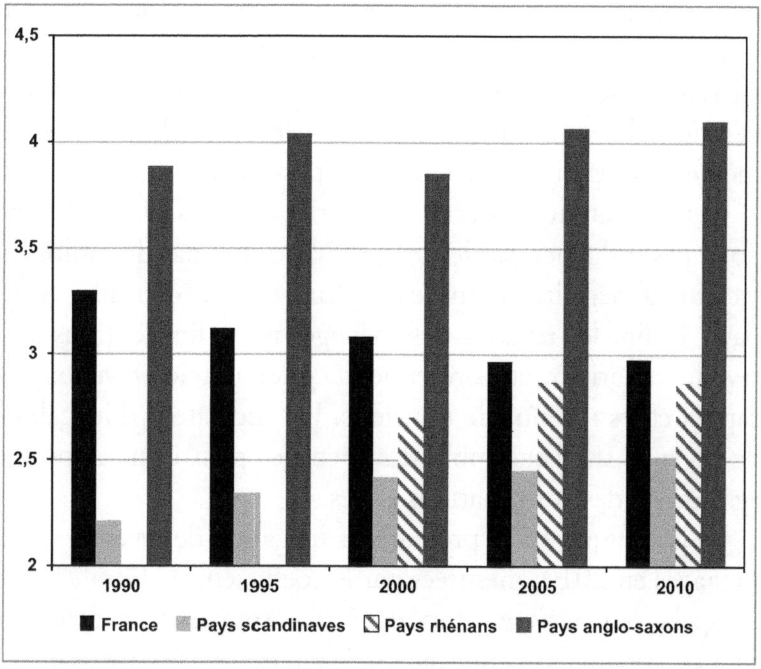

Source : calculs des auteurs à partir des données OCDE et à partir de données de l'Insee pour la France.

Les chiffres pour les pays scandinaves, rhénans et anglo-saxons correspondent respectivement aux moyennes du Danemark, de la Finlande et de la Suède pour les premiers, de l'Allemagne, de la Belgique et des Pays-Bas pour les seconds et des États-Unis, du Canada et du Royaume-Uni pour les troisièmes. Pays rhénans : Allemagne et Belgique en 2000 ; pays anglo-saxons : États-Unis et Royaume-Uni seuls en 1990 et 1995.

Cependant, cet indicateur ne rend pas compte de l'explosion des très hautes rémunérations au sein du dernier décile de salaires. Et on a pu montrer[9] que, depuis la seconde moitié de la décennie 1990, les plus hauts salaires ont connu une progression très rapide. Cette explosion concerne les tout derniers centiles de la distribution des salaires. Cette dernière étude montre en particulier que l'élargissement des inégalités salariales en haut de la hiérarchie des salaires est surtout le fait des 0,1 % des salariés les mieux payés et qu'elle est due pour moitié à l'explosion de certaines rémunérations dans le secteur financier, qui ne représente pourtant que 3 % des salariés du secteur privé. Cette forte progression des rémunérations les plus élevées est assez générale[10]. Elle s'observe même dès les années 1970 aux États-Unis.

Cet indicateur concerne les salariés à temps plein. Il n'est donc pas influencé par les inégalités induites par de multiples facteurs d'inégalités, comme des écarts de taux d'emploi entre pays. Enfin, les revenus des ménages ne se limitent pas aux revenus salariaux et contiennent également les revenus du capital et les revenus de transferts. Un indicateur d'inégalités de revenus sur l'ensemble des ménages peut donc apporter également des informations utiles.

Le graphique 1.7 représente les inégalités de revenus entre ménages en 2010, mesurées par le coefficient de Gini*, avant et après transferts et impôts. Avant transferts et taxes, la France apparaît comme plus inégalitaire que les trois autres groupes de pays de référence, l'écart étant cependant réduit et sans doute non significatif avec les pays anglo-saxons. Cette situation peut surprendre, mais elle illustre que, si notre pays est plus égalitaire que les pays anglo-saxons concernant la distribution des salaires entre salariés à temps plein, il est plus inégalitaire concernant l'accès à l'emploi et donc aux revenus du travail lui-même. Ainsi, sur l'ensemble de la population en âge de travailler (ici de 15 à 64 ans), on a vu plus haut (*cf.* tableau 1.6) que la France se caractérise par

---

* Le coefficient de Gini est un indicateur usuel pour mesurer les inégalités. Il est égal à 0 et à 1 dans les deux cas extrêmes, respectivement d'absence de toute inégalité (tous les individus ont exactement le même revenu) ou d'inégalités maximales (tous les revenus sont accaparés par un seul individu).

Graphique 1.7. Inégalités de revenus mesurées par l'indice de Gini en 2010 (champ : ensemble des ménages)

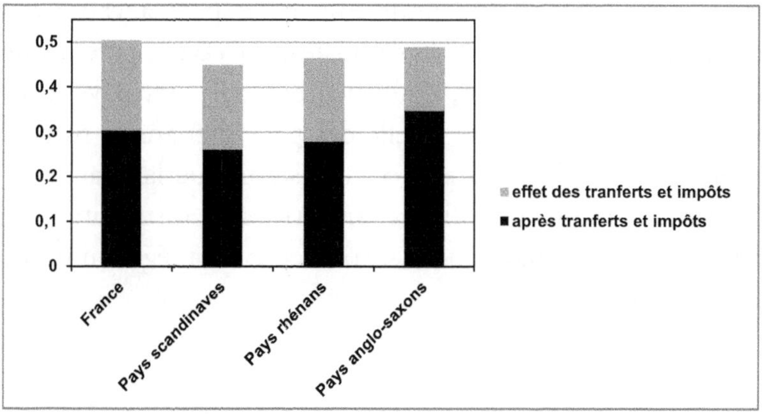

Source : calculs des auteurs à partir des données OCDE.

Les pays scandinaves, rhénans et anglo-saxons correspondent respectivement aux moyennes du Danemark, de la Finlande et de la Suède pour les premiers, de l'Allemagne, de la Belgique et des Pays-Bas pour les seconds et des États-Unis, du Canada et du Royaume-Uni pour les troisièmes.
La hauteur totale des bâtons et la partie inférieure noire correspondent au coefficient de Gini respectivement avant et après transferts et taxes.

un taux d'emploi plus faible que dans les pays anglo-saxons mais aussi que dans les autres groupes de pays.

Les transferts et taxes ont en France un impact redistributif à peu près équivalent à celui des pays scandinaves mais supérieur à celui des pays rhénans et surtout des pays anglo-saxons. Au final, après transferts et taxes, les inégalités de revenus seraient en France nettement supérieures à celles des pays scandinaves et nettement inférieures à celles des pays anglo-saxons. Elles seraient, comme les inégalités de revenus avant transferts et impôts, très légèrement supérieures à celles des pays rhénans, cet écart n'étant pas nécessairement, à nouveau, réellement significatif.

Au total, donc, la France est plus égalitaire que les autres groupes de pays concernant les seuls salariés à temps plein.

Sur l'ensemble de la population, et en prenant en compte l'ensemble des revenus hors impôts et taxes, elle est très inégalitaire, sans doute pour une large part à cause des écarts d'accès à l'emploi. Les transferts et taxes opèrent une très forte redistribution, équivalente à celle des pays scandinaves mais supérieure à celle des pays rhénans et surtout anglo-saxons. C'est grâce à ces transferts que la France est finalement moins inégalitaire, en termes de distribution de revenus, que les pays anglo-saxons et aussi inégalitaire que les pays rhénans.

Une opportunité de croissance à ne pas manquer[11]

Le diagnostic est sans appel et nourrit une vision morose pour ne pas dire décliniste de l'avenir de la France. Le quadruple déficit de balance courante, de finances publiques et sociales, d'emploi et de compétitivité, et son aggravation continue pourraient laisser croire que la France est devenue l'homme malade de l'Europe. C'est oublier que, par le passé, elle a connu des situations comparables et qu'elle les a surmontées. C'est méconnaître les exemples étrangers de rebond à partir de situations tout aussi dégradées. C'est surtout tenir pour quantité négligeable les opportunités de l'actuelle phase de la mondialisation et de la nouvelle révolution industrielle. À l'instar d'autres pays industrialisés, la France peut, par des politiques structurelles fortes, profiter de l'arrivée de nouvelles vagues technologiques pour accélérer la croissance de sa productivité. Dans les chapitres qui vont suivre, nous évoquerons la double rupture dans les modes de pensée et les modes d'action qui peuvent mettre la France en situation pour saisir les opportunités de la nouvelle croissance. Contentons-nous à ce stade d'évoquer l'impact sur la croissance des nouvelles vagues technologiques.

Les vagues de croissance de la productivité

Sur longue période, la croissance de la productivité* aux États-Unis a connu des vagues technologiques successives, illustrées par le graphique 1.8, chacune de ces vagues correspondant à une révolution technologique spécifique. Les gains de productivité induits par la révolution technologique associée aux chemins de fer et à la machine à vapeur s'épuisent au début du XXe siècle. Les effets de la révolution technologique suivante, associée à la diffusion de l'usage de l'électricité, du moteur à explosion et de la chimie moderne, induisent alors une nouvelle vague de croissance de la productivité qui s'étend sur près de trois quarts de siècle avec un point culminant au milieu du XXe siècle. Cette vague connaît un fort ralentissement transitoire au moment de la crise des années 1930. Les effets de la dernière révolution technologique, associée à la production et à l'usage des technologies de l'information et de la communication (TIC), induisent une nouvelle vague de croissance de la productivité beaucoup plus courte (un peu plus d'un quart de siècle) et moins élevée que la précédente[12].

* Le taux de croissance du PIB est égal à la somme du taux de croissance des facteurs de production avec le taux de croissance de la productivité de ces facteurs. Mais, à long terme, ce qui compte c'est le taux de croissance de la productivité des facteurs, lui-même directement relié à l'innovation.

Graphique 1.8. Taux de croissance observé et lissé*
de la productivité horaire du travail aux États-Unis (en %)

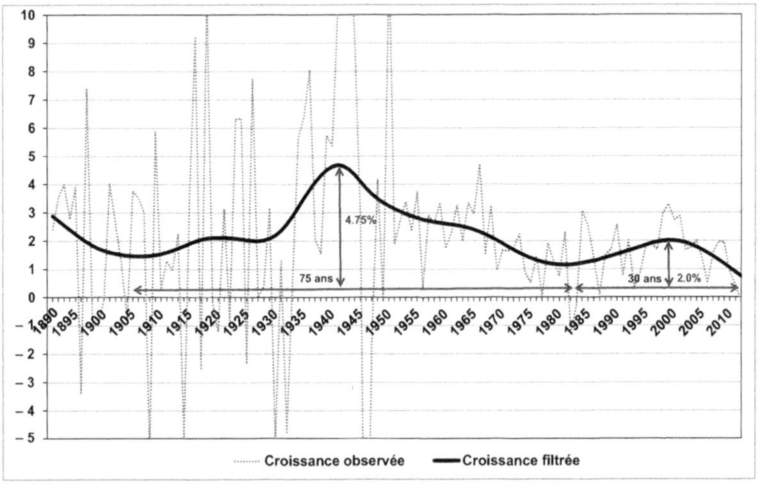

Source : Bergeaud, Cette et Lecat (2014).
La productivité correspond au PIB par heure travaillée.

À une époque où la diffusion de produits intégrant des nouvelles technologies s'intensifie auprès des ménages, la baisse des gains de productivité associés à la dernière révolution technologique, celle des TIC, peut sembler paradoxale. Cette baisse, qui n'a rien de conjoncturel et qui est au contraire structurelle, s'explique pourtant assez bien et fait l'objet d'une littérature aujourd'hui abondante. Ce qui est ici pris en compte correspond aux gains de performance productive des TIC, qui induisent des gains de productivité des entreprises. Ces gains de performance des TIC sont eux-mêmes principalement liés au nombre de transistors qu'un microprocesseur (une puce) peut contenir. Ce nombre a doublé tous les deux ans environ, du début des années 1960

* Dans ce graphique et le suivant, le lissage est réalisé avec la méthode Hodrick-Prescott (λ = 500).

Graphique 1.9. Taux de croissance lissé de la productivité horaire du travail, aux États-Unis et en France

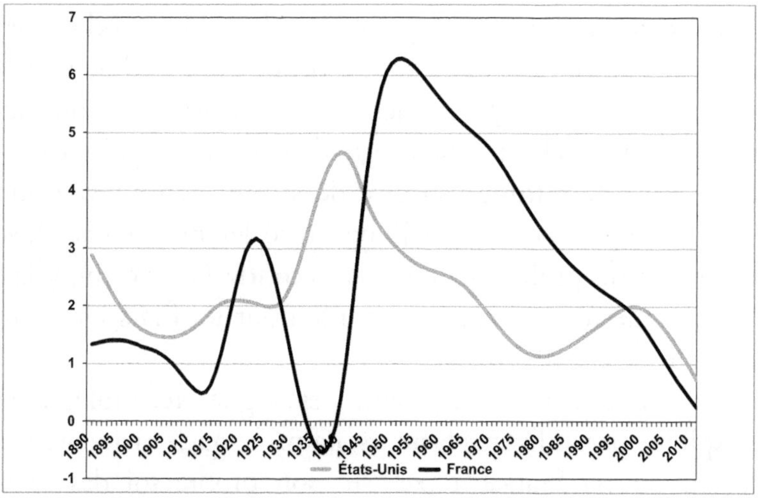

Source : Bergeaud, Cette et Lecat (2014).

La productivité correspond au PIB par heure travaillée.

jusqu'au début des années 2000 (cette évolution est parfois appelée la « loi de Moore », du nom de l'ingénieur qui l'a théorisée initialement), avec une accélération au milieu des années 1990. Cette amélioration des performances ne cesse de ralentir ensuite (épuisement de la loi dite « de Moore ») du fait des contraintes d'ordre physique à augmenter continûment le nombre de transistors introduits sur les puces. Il est souvent considéré qu'une nouvelle vague de gains de performance des TIC devrait émerger dans les prochaines années, associée tout d'abord à la fabrication et à la diffusion de puces 3D, puis des « biochips » et, enfin, dans un avenir beaucoup plus lointain, à l'électronique quantique. Dans cette hypothèse réaliste, la révolution technologique associée aux TIC induirait une seconde vague de croissance de la productivité, qui pourrait même être plus importante que la première vague, et qui s'amorcerait dans quelques années.

La croissance de la productivité en France connaît des vagues décalées par rapport à celles observées aux États-Unis, comme l'illustre le graphique 1.9[13]. La productivité était en France très inférieure au début du XXe siècle à celle des États-Unis. Un phénomène de rattrapage se produit au tournant du siècle et dans l'entre-deux-guerres, qui se caractérise par une diffusion tardive de la précédente révolution technologique dont ont déjà bénéficié les États-Unis. Puis, la France ne profite qu'après la Seconde Guerre mondiale de la vague technologique suivante dont les États-Unis ont déjà tiré le plein bénéfice.

Ce retard dans la diffusion des vagues technologiques s'explique par différents facteurs, parmi lesquels bien entendu le fait que la France a pâti sur son propre sol des deux guerres mondiales, mais aussi et surtout par des institutions moins adaptées à une diffusion généralisée et rapide des vagues technologiques. Cette inadaptation des institutions concerne à la fois les structures financières, l'environnement concurrentiel sur le marché des biens, une certaine flexibilité sur le marché du travail, la qualification de la population en âge de travailler, la fiscalité[14]...

Dans l'après-Seconde Guerre mondiale, la France bénéficie donc enfin pleinement, avec deux décennies de retard par rapport aux États-Unis, de la révolution technologique associée à l'usage de l'électricité, du moteur à explosion et de la chimie moderne. Elle rattrape alors le niveau de productivité observé aux États-Unis. Mais elle ne bénéficie sur la fin du siècle que de façon modérée, en comparaison des États-Unis toujours, de la révolution technologique associée aux TIC, et son niveau de productivité s'abaisse alors progressivement par rapport à celui des États-Unis à partir du milieu des années 1990.

Les perspectives de croissance de la productivité

Le moindre bénéfice des TIC de la France comparée aux États-Unis s'explique par leur moindre diffusion dans nos entreprises (graphique 1.10)[15]. Ce phénomène qui concerne plus largement les pays européens et pas seulement la France a fait l'objet de nombreuses analyses. Ici encore, les principaux facteurs explicatifs semblent être une moindre flexibilité du marché du travail, un environnement moins compétitif sur le marché des biens et enfin un moindre niveau d'éducation moyen de la population en âge de travailler. On constate notamment[16] qu'une moindre flexibilité sur le marché des biens et sur le marché du travail expliquerait la moitié de l'écart de diffusion des TIC vis-à-vis des États-Unis, l'autre moitié étant justifiée par un niveau d'éducation plus faible de la population en âge de travailler.

Graphique 1.10. Coefficient de capital en TIC (× 100), en valeur (ratio du stock de capital TIC en valeur au PIB en valeur). Ensemble de l'économie

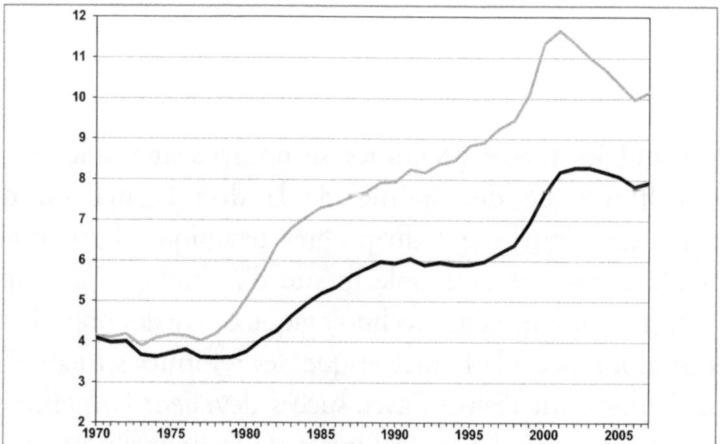

Source : Cette et Lopez (2012).

Quelles leçons peut-on tirer des constats qui précèdent ? Tout d'abord, que des réformes structurelles ambitieuses, sur les marchés du travail et des biens et dans le domaine éducatif, permettraient de rattraper le retard de diffusion des TIC et de bénéficier d'une accélération de la productivité. Ensuite, que ce rattrapage permettrait à la France de ne pas connaître le fléchissement de la productivité que traversent actuellement les États-Unis, entre les deux vagues associées aux TIC. Ainsi, la France pourrait connaître de façon prolongée des gains de productivité soutenus, tout d'abord en rattrapant son moindre bénéfice de la première vague des TIC, puis en bénéficiant immédiatement et pleinement de la seconde vague des TIC. La condition à cela est la mise en œuvre de réformes structurelles ambitieuses.

L'accélération de la productivité qui pourrait ainsi être obtenue dynamiserait la croissance de l'économie française, ce qui faciliterait simultanément l'amélioration du niveau de vie moyen, la soutenabilité d'un système social protecteur, généreux mais coûteux et la consolidation des finances publiques.

*

Quand les thèses déclinistes se nourrissent d'une vision néomalthusienne des apôtres de la décroissance ou des tenants de l'épuisement du progrès technique, les constats qui précèdent ont le double mérite d'établir que la simple perspective du rattrapage technologique ouvre des opportunités de croissance à la France et que des réformes structurelles que d'autres ont réalisées avec succès devraient la mettre en situation de saisir les opportunités de la nouvelle phase de développement.

Dans les chapitres qui suivent, on analyse les réformes structurelles qui devraient nous permettre d'endiguer le déclin et de rejoindre le groupe des pays avancés à croissance forte. On commence par recenser certaines fausses idées et certains blocages idéologiques qui font obstacle à la mise en œuvre de telles réformes.

CHAPITRE 2

Penser autrement

Pourquoi ne réformera-t-on pas efficacement si on ne pense pas autrement ? Parce que le modèle économique qui a si bien fonctionné pendant la période des Trente Glorieuses n'est plus adapté aux circonstances actuelles. En effet, après la Seconde Guerre mondiale, la croissance des pays européens a reposé pour l'essentiel sur le « rattrapage », c'est-à-dire sur les migrations internes de l'agriculture à l'industrie, sources de gains de productivité, sur la reconstitution des stocks de capital, sur la disponibilité d'une énergie abondante et bon marché et sur l'imitation technologique. Depuis les années 1980, ce modèle a cessé de fonctionner. Nous sommes entrés dans une ère où la croissance des pays développés est tirée non plus par l'imitation technologique, mais par l'innovation. D'autres pays, dits émergents, expérimentent à leur tour les vertus du rattrapage en bénéficiant des déplacements de main-d'œuvre, de l'accès aux technologies disponibles et de flux directs d'investissements étrangers. Or, contrairement à une économie de rattrapage, dans une économie ouverte et tournée vers l'innovation, de nouvelles entreprises et de nouveaux emplois sont créés en permanence, tandis que d'autres sont détruits*. Ce changement appelle lui-même un changement de logiciel concernant le rôle de l'État dans l'économie et les modalités de son intervention.

Premièrement, il faut rompre avec une interprétation simpliste et/ou dépassée du keynésianisme : dans une économie de l'innovation et mondialisée, la gestion macroéconomique par la demande perd de son efficacité. En effet, relancer la dépense publique pour stimuler la demande intérieure peut se traduire par un creusement du déficit commercial et non par une reprise de l'activité domestique, à moins que les entreprises domestiques ne soient rendues plus compétitives, ce qui nécessite une politique de l'offre. Par ailleurs, la relance par la consommation financée par la dette publique finit par créer des déséquilibres réels et financiers. Réels, à cause de la dégradation de la compétitivité liée à l'alourdissement continu de la charge fiscale et sociale. Financiers, parce que dans une union monétaire la maîtrise des déficits et du niveau d'endettement relève d'une discipline commune. La soutenabilité de ce type de croissance n'est donc plus assurée.

En second lieu, il faut refonder notre réflexion sur les inégalités et les moyens de les maîtriser. En particulier, nous l'avons souligné dans l'introduction, on s'est contenté jusqu'ici de vouloir traiter les inégalités de revenus et de patrimoines uniquement *ex post* à travers l'impôt et les

---

* En effet, la mondialisation nous met directement en concurrence avec d'autres pays « imitateurs », mais qui disposent d'une main-d'œuvre moins coûteuse. La seule façon de survivre à cette concurrence est d'être parmi ceux qui inventent les nouveaux procédés ou produits, autrement dit ceux qui innovent « à la frontière technologique ». Voir Daron Acemoglu, Philippe Aghion et Fabrizio Zilibotti (2006), « Distance to frontier, selection and economic growth », *Journal of the European Economic Association*, vol. 4, n° 1, p. 37-74.

subventions, en négligeant l'importance de la mobilité sociale et de l'égalité d'accès aux opportunités de carrière. Il faut au contraire investir dans la « croissance par la mobilité et par l'inclusion » et cela se joue d'abord à l'école.

Penser la maîtrise des inégalités par l'investissement dans la mobilité oblige également à repenser la fiscalité. Il s'agit, en particulier, de comprendre qu'un impôt nouveau sur une entreprise innovante n'est pas automatiquement compensé par une subvention publique. De reconnaître également que la fiscalité doit être conçue, non seulement pour réduire les inégalités de richesse et de revenus, mais aussi de façon à ne pas pénaliser le talent et la réussite ni décourager l'activité d'innovation.

Il faut ensuite réinventer la politique industrielle pour la rendre compatible avec une croissance par l'innovation. En particulier, il faut trouver comment maintenir une ligne médiane entre, d'une part, la nécessité de stimuler certains secteurs particulièrement porteurs de croissance et, d'autre part, le danger de politiques industrielles interventionnistes qui entraveraient la concurrence et l'innovation.

Enfin, s'il faut reconnaître l'impératif écologique, c'est-à-dire la nécessité d'opérer une transition énergétique, il faut également admettre que cette transition a un coût, que l'innovation verte plutôt que la décroissance permet de minimiser.

Rompre avec un keynésianisme primitif

Pour faire face au risque macroéconomique, les gouvernements français, de droite comme de gauche, procèdent depuis de longues années de la façon suivante : en période de récession, pour faire repartir l'économie, on mise avant tout sur une relance de la demande par la dépense publique. Cela accroît évidemment le déficit public et, si celui-ci devient trop important, alors on se rabat sur l'impôt. Pour ne pas grever la consommation, on impose en priorité les entreprises, en se disant qu'une relance de la demande des ménages et des commandes publiques à court terme leur offre de toute façon de nouveaux débouchés (c'est le fameux multiplicateur keynésien), si bien qu'on peut se permettre de les taxer davantage. Mais si l'on se rend compte que la charge fiscale supplémentaire sur les entreprises décourage l'investissement, et surtout mine l'emploi, alors on introduit des « niches fiscales » pour dédommager les entreprises, notamment celles qui sont les plus dépendantes d'une main-d'œuvre abondante.

Pourquoi changer de paradigme ?

Cette doxa keynésienne, utile en son temps, n'est plus vraiment adaptée au contexte d'une économie mondialisée. En effet, qu'est-ce qui garantit, si l'État intervient massivement pour relancer la demande, que cette demande supplémentaire ne se dissipera pas exclusivement au profit de produits étrangers ? Willie O'Dea, ancien ministre irlandais de la Défense, exprime cette idée très clairement[1] : « Suite au choc pétrolier, dans les années 1970, nous avons essayé la relance budgétaire. Le pouvoir d'achat supplémentaire ainsi accordé au consommateur irlandais s'est traduit par une augmentation des importations, ce qui nous a conduits à une situation bien pire. Il n'y a absolument aucune preuve que la même chose ne se reproduirait pas. Du point de vue de l'Irlande, les meilleures relances sont celles mises en place par nos partenaires commerciaux. Celles-ci stimulent la demande pour nos exportations sans rien nous coûter. »

À cela s'ajoute une autre controverse, celle qui porte sur l'importance du « multiplicateur » keynésien : des études récentes montrent qu'une augmentation permanente des dépenses publiques de l'ordre de 1 % du PIB augmente le PIB de beaucoup moins que 1 %[2]. L'effet multiplicateur est donc bien plus faible qu'on ne le croit. Il peut même être nul ou presque à moyen et long terme : si les entreprises ne sont pas assez compétitives et si les rigidités sur le marché du travail sont telles qu'une baisse, même légère, du taux de chômage se traduit par une augmentation des salaires qui dégrade encore la compétitivité, alors la demande publique supplémentaire se substituera à une demande privée préexistante, et l'activité ne sera pas durablement dynamisée. Mais l'endettement public, lui, aura augmenté.

La politique macroéconomique dans une économie de l'innovation doit donc dépasser ce que nous considérons comme une interprétation simpliste de la pensée de Keynes, à savoir cette idée de la relance par la consommation et de la gestion du cycle par la demande. Nous voulons ici aborder deux aspects du problème : tout d'abord, le débat sur la dévaluation fiscale et le choc de compétitivité ; ensuite, le débat sur le rôle des politiques macroéconomiques contracycliques pour soutenir l'activité d'innovation.

Le débat sur la dévaluation fiscale

L'idée d'un choc de compétitivité, consistant à transférer la charge du financement de la protection sociale des entreprises vers la CSG ou d'autres impôts de type TVA, fait toujours débat au sein de la gauche et également parmi les économistes se réclamant de l'héritage « keynésien ». Prenant argument du fait qu'un tel transfert induit une baisse à court terme du pouvoir d'achat du revenu des ménages, les opposants au choc de compétitivité soutiennent qu'un tel choc ne peut que nuire à la croissance et à l'emploi car il conduit à une baisse de la demande. Or transférer le financement de la protection sociale des entreprises vers la fiscalité des revenus dont l'assiette est plus large équivaut en fait à court terme à une *dévaluation réelle,* d'où le terme de *dévaluation fiscale*[3]. Une telle dévaluation, certes, réduit le pouvoir d'achat des ménages à court terme, mais elle stimule l'activité économique en augmentant la compétitivité des secteurs exposés à la concurrence étrangère.

Pourquoi ? Premièrement, les salaires nets de charges ne s'ajustant pas immédiatement, le transfert de charges réduit le coût du travail. Mais, dans le même temps, les baisses de charges permettent aux entreprises de réduire leurs prix et/ou d'améliorer la qualité de leurs produits, autrement dit d'augmenter la compétitivité des produits français par rapport aux produits étrangers. Au total, les effets sont identiques à ceux qu'aurait une dévaluation de la monnaie nationale par rapport aux monnaies étrangères : une baisse à court terme du pouvoir d'achat du revenu des ménages, mais en même temps une compétitivité améliorée dans le secteur exposé à la concurrence étrangère, et donc une augmentation de la demande pour les produits français.

Depuis la création de l'euro, la dévaluation monétaire n'est plus une option pour restaurer la compétitivité de l'économie française ; il faut donc, en cas de compétitivité insuffisante, lui substituer la dévaluation fiscale.

L'idée que la politique fiscale peut répliquer les effets d'une dévaluation monétaire remonte à Keynes lui-même. Tout d'abord, en 1925, il s'oppose à Churchill lorsque ce dernier décide de revenir à la parité or d'avant-guerre et résume sa position dans son célèbre ouvrage intitulé *Les Conséquences économiques de M. Churchill*[4]. Puis, en 1931, prenant acte de l'opposition de l'*establishment* britannique à toute dévaluation de la livre par rapport à l'or, il suggère de parvenir au même résultat par un autre moyen, à savoir une dévaluation fiscale. C'est ainsi qu'il écrit : « Précisément les mêmes effets que ceux produits par une dévaluation de la livre sterling d'un certain pourcentage, peuvent être produits en combinant l'introduction d'un tarif sur les importations à celle d'une subvention équivalente sur les exportations, avec l'avantage de ne pas affecter la parité de la livre par rapport à l'or, et donc la valeur des obligations britanniques en or. » Ainsi, Keynes lui-même avait pris conscience du rôle que peut jouer la dévaluation fiscale pour stimuler l'activité économique lorsque le recours à l'instrument monétaire est contraint (il l'était en 1931 par l'étau de la parité avec l'or, le *gold standard*).

Est-ce que cet argument suffisait à justifier le recours à un choc (ou « pacte ») de compétitivité dans le contexte français ? La réponse est incontestablement oui. En effet, comme nous l'avons montré au chapitre 1, la compétitivité de la France s'est fortement dégradée par rapport à celle de sa voisine allemande au cours des dix dernières années. En particulier, l'avantage français en matière de coûts du travail sur les coûts allemands a disparu mais, dans le même temps, la France n'a pas rattrapé l'Allemagne en matière de qualité des produits. En outre, la situation financière des entreprises françaises, dégradée par rapport à celle de leurs concurrentes italiennes ou allemandes, les a empêchées d'accroître leurs investissements en R&D, d'accélérer leur équipement en TIC, ou simplement de prendre le risque d'exporter.

Cette discussion illustre bien les limites d'une approche simpliste de Keynes qui consiste à raisonner dans le cadre d'une économie fermée, en oubliant que la demande des consommateurs domestiques se porte également sur les produits étrangers, et que l'offre doit en conséquence être compétitive sous peine de déséquilibres qui peuvent rapidement devenir insoutenables. Il faut au contraire prendre acte du fait que nous sommes en économie ouverte, et qu'il y a urgence à relancer la dynamique de notre compétitivité pour regagner les parts de marché que nous avons perdues. Que la dévaluation fiscale soit alors un bon moyen de stimuler l'activité économique lorsque l'instrument de la dévaluation monétaire n'est plus disponible, Keynes lui-même l'avait déjà compris à l'époque de la Grande Crise.

L'idée de procéder à une dévaluation fiscale à travers un choc de compétitivité a été combattue jusqu'au bout au sein du parti socialiste et du groupe socialiste à l'Assemblée nationale, et la décision de finalement adopter le Pacte de compétitivité (CICE) a été probablement le geste le plus audacieux du président et du gouvernement en faveur du passage d'une approche de l'économie purement dictée par la demande à une approche davantage dictée par l'offre*. Mais cette dévaluation fiscale doit être complétée par des baisses de

* À noter que les effets directs d'une dévaluation fiscale sur la compétitivité sont, comme ceux d'une dévaluation monétaire, transitoires. En effet les prix finissent par augmenter et cette augmentation se répercute sur les salaires, ce qui contribue à neutraliser les effets initiaux de la dévaluation fiscale. Néanmoins, à court terme, la dévaluation fiscale apporte une bouffée d'oxygène aux entreprises leur permettant de procéder à des investissements innovants et ce sont ces investissements qui permettent d'améliorer la compétitivité des entreprises à plus long terme.

charges plus directes (ce que le président de la République a admis lors de sa conférence de presse du 14 janvier 2014).

La France doit cesser d'utiliser l'impôt comme principal outil de réduction des déficits publics

Alors que dans d'autres pays développés (en particulier l'Allemagne, le Canada ou la Suède), l'État a remis à plat ses missions publiques et entrepris de diminuer substantiellement ses dépenses afin de réduire les déficits et dettes publics, la France s'est attaquée au problème en augmentant massivement les impôts. Un tel choc fiscal pouvait se justifier dans les circonstances exceptionnelles que nous traversons mais pour une durée limitée, en particulier en 2012-2013, pour permettre le retour accéléré à l'équilibre des finances publiques sans contracter à l'excès le pouvoir d'achat des ménages modestes. Cependant, au lieu de relayer ce choc fiscal par une baisse programmée des dépenses publiques, le gouvernement a prévu de nouvelles hausses d'impôts pour tenir ses engagements budgétaires européens.

Au fond, le raisonnement justifiant une telle politique est que l'approche par l'impôt de la réduction du déficit est plus juste et également plus efficace car elle préserve la demande et donc l'activité économique. Or toute une série de travaux récents[5] montre exactement le contraire : les ajustements reposant sur les réductions de dépenses publiques ont entraîné sur le long terme des récessions courtes et de faible amplitude tandis que ceux basés sur des chocs fiscaux ont entraîné des récessions fortes et prolongées. En outre, ces travaux montrent que la baisse des dépenses publiques a des effets positifs sur le moral des entrepreneurs et des consommateurs, contrairement à une approche basée entièrement sur l'impôt.

Pourquoi une réduction des dépenses publiques améliore-t-elle le climat au sein des entreprises ? Tout simplement parce qu'elle permet de relâcher la pression fiscale notamment sur le capital, ce qui encourage l'investissement et par conséquent l'activité économique. Dans le même temps, il est clair que supprimer des emplois publics peut avoir un effet négatif immédiat sur la demande. Mais cet effet est limité en amplitude et dans le temps si le secteur privé prend le relais. Et c'est typiquement ce qui se passe à la suite d'une baisse (ou d'une augmentation ralentie) des salaires réels induite par les réductions d'emplois publics. Cette baisse résulte elle-même du fait que la réduction des emplois publics se traduit par une augmentation de l'offre de travail dans le secteur privé. Au contraire, une augmentation des impôts réduit le pouvoir d'achat à la fois des ménages et des entreprises, d'où son effet récessif ample et prolongé dans le temps.

L'exemple suédois au début des années 1990 illustre les mérites d'un ajustement par la réduction des dépenses publiques conjuguée à la baisse de la fiscalité. À cette époque, la Suède se caractérise par une dette publique élevée (proche de 85 % du PIB), un chômage élevé et une production en stagnation. En réaction à la crise des années 1990-1991, les Suédois agissent sur deux fronts simultanément. Le premier est celui de la fiscalité : la réforme de 1991 donne naissance à un nouveau système fiscal plus simple et plus incitatif qu'auparavant (nous y revenons plus loin).

Le second est celui de la dépense publique : la Suède s'engage dans une réforme radicale de l'État pour améliorer l'efficacité de ses interventions. Ces deux piliers (fiscalité et dépenses publiques) sont en effet étroitement reliés car en l'absence d'un plan crédible de réduction des dépenses publiques, il ne peut y avoir de baisse crédible de la charge fiscale dans le moyen terme, et donc de changement de comportement de la part des investisseurs. C'est ainsi que les Suédois ont réduit le nombre de fonctionnaires : les effectifs dans le secteur public sont passés de 1,7 million d'employés dans les années 1990 à environ 1,3 million aujourd'hui, tandis que l'emploi dans le secteur privé est passé de 2,8 millions à 3,25 millions. Dans le même temps, les dépenses d'assurance-maladie sont passées de 8,2 % du PIB en 1990 à 9,6 % du PIB en 2011, alors qu'en France elles ont augmenté de 9,3 % du PIB en 1990 à près de 12 % en 2011. La Suède a réussi à maîtriser l'augmentation du coût de la santé notamment en décentralisant le système de soins. Enfin, la mise en place d'un mécanisme par points en 1994 a permis à la Suède de garantir l'équilibre de son système de retraites (en corrigeant bien sûr les effets du cycle économique sur le calcul des pensions) depuis lors.

Résultat : la Suède est devenue l'un des pays les plus performants de l'OCDE, avec un taux de croissance annuel de plus de 3 % en moyenne sur les trois dernières années et des finances publiques rééquilibrées (un surplus de 0,3 % de PIB en 2011 et un léger déficit de 0,4 % de PIB en 2012).

Ce qui est vrai pour la Suède l'est aussi pour d'autres. Ainsi, si l'on considère les 21 pays de l'OCDE entre 1970 et 2010, on peut identifier 52 épisodes dits d'ajustement fiscal, c'est-à-dire des périodes de deux ans au cours desquelles les ratios entre déficits publics et PIB ont été réduits chaque année, l'effet cumulé sur les deux ans étant d'au moins 2 points[6]. Parmi ces périodes d'ajustement fiscal, on distingue les périodes « positives » et les périodes « négatives ». Une période positive correspond à une baisse du ratio entre dette publique et PIB, et une période négative à une hausse de ce ratio sur la même période. On dénombre

25 épisodes positifs et 24 épisodes négatifs. Enfin, on distingue les périodes d'ajustement fiscal expansionnistes qui se traduisent par une augmentation de la croissance du PIB en moyenne sur la période par rapport aux deux années précédentes, et les périodes récessionnistes qui se traduisent par une diminution de la croissance du PIB sur la période par rapport aux deux années précédentes.

On observe d'abord que les périodes d'ajustement fiscal positives reposent en grande majorité sur des réductions de dépenses publiques. De même pour les périodes d'ajustement fiscal expansionnistes. Par ailleurs, on s'aperçoit que toutes les composantes des dépenses publiques (consommation publique, emplois publics, transferts) participent de cet effet positif de la réduction des dépenses sur la réduction de la dette et l'augmentation de la croissance[7].

Enfin, en comparant les déficits globaux et les déficits primaires (ces derniers ne comprennent pas les paiements des intérêts par l'État à ses créanciers), on observe également que les réductions de dépenses publiques diminuent les taux d'intérêt. Ces auteurs montrent en outre que l'effet expansionniste des réductions de dépenses est sensiblement plus fort dans les pays où le marché des biens et le marché du travail ont été rendus plus flexibles et réactifs par une diminution des réglementations qui les brident[8]. Ce résultat n'est guère surprenant : plus ces deux marchés sont flexibles, plus vite le secteur privé prend le relais par rapport au secteur public.

Fiscalité et inégalités : réalités et imaginaire national

En France, en particulier, la passion égalitaire et le légicentrisme ont conduit à la faveur du temps à raffiner et réformer en permanence le code fiscal sans que la passion révolutionnaire soit éteinte. On le voit encore aujourd'hui avec les propositions de révolution fiscale. Cependant, cette démarche comporte deux écueils importants. Le premier est d'ignorer le fait que la structure des prélèvements affecte les incitations à l'investissement dans l'innovation et donc la croissance. Le second est de concevoir l'impôt comme seul outil pour s'attaquer aux inégalités et à l'absence de mobilité sociale. Nous développons le premier point et évoquons d'autres fausses évidences sur la fiscalité dans cette section* tandis que celui de la mobilité sociale et de ses déterminants fait l'objet de la section suivante**.

Les fausses idées sur la fiscalité optimale

Le logiciel fiscal français est biaisé : il nous fait pencher pour les charges sociales payées par les entreprises au détriment de l'impôt sur la consommation, pour la surtaxation du capital au détriment de l'impôt progressif sur le revenu et, enfin, pour les niches.

Comme on le verra dans les chapitres suivants, le débat sur la fiscalité a pu être mené ailleurs en fonction de critères d'efficacité économique, d'équité sociale et d'attractivité

* Dans le chapitre 6 nous adoptons une démarche plus positive en proposant les grandes lignes d'une réforme de la fiscalité française.

** Le thème de la mobilité sociale sous-tend également l'ensemble du chapitre 5 sur les réformes structurelles.

territoriale. En France, curieusement, les imaginaires fiscaux pèsent d'un plus grand poids que les réalités fiscales.

Comment expliquer que les Français acceptent si facilement que le travail soit surtaxé à travers les prélèvements sociaux alors qu'une telle surcharge a des effets évidents sur le coût du travail, la compétitivité et l'emploi ? La réponse est simple : les charges sociales payées par les entreprises sont dénommées « charges patronales » et constituent un salaire indirect. Elles ont la légitimité d'un prélèvement sur les patrons qui bénéficie aux salariés.

Comment expliquer que les Français luttent contre la hausse de la TVA, même dans un contexte déflationniste, quand la mesure profite à l'emploi domestique en renchérissant les biens importés, quand elle permet, par transfert de charges, d'alléger le coût du travail et de faciliter la convergence vers les standards européens ? La réponse tient, là aussi, à nos idiosyncrasies nationales : la TVA, lointaine héritière de la gabelle, est détestable car elle frappe de la même manière la consommation des riches et des pauvres et, de plus, elle peut freiner la consommation, moteur de notre croissance !

Comment expliquer que les Français préfèrent surtaxer l'épargne, l'investissement, le capital productif et préserver la rente et l'héritage sous toutes ses formes ? L'attachement des Français à la propriété foncière immobilière et à sa transmission trouve son origine dans un passé agricole et rural et dans leur attachement atavique à la transmission héréditaire.

Les Français ne vivent pas pour autant dans un territoire coupé du monde. Les assauts de la mondialisation, du chômage de masse et les réformes menées ailleurs avec succès les conduisent à infléchir leur fiscalité, mais le mode d'intervention qu'ils privilégient est celui de la niche fiscale, pas de la remise à plat et de la réforme structurelle.

Les prélèvements sociaux désincitent à l'embauche de salariés non qualifiés : qu'importe, on maintient la règle mais on exonère de cotisations sociales les employeurs pour les salaires au niveau du Smic ! Les prélèvements sur les revenus du capital désincitent à l'investissement sur le sol national : qu'importe, on alourdit l'impôt mais on crée des niches pour la recherche comme le CIR. Le coût du travail dégrade la compétitivité-coût du pays : qu'importe, on alourdit la taxation sur le cycle productif et sur le capital mais on crée le CICE.

Et tout se passe comme si les niches devaient réparer les dégâts des décisions fiscales et sociales prises par ailleurs et, donc, comme si taxer d'un côté et réparer de l'autre n'avait pas d'effet. Or on sait bien que le coût réglementaire, l'instabilité de la règle et la réversibilité de la niche ont des effets sur la prise de décision économique.

Au-delà de tous ces exemples, il est un sujet d'étonnement particulier : la France est le pays qui taxe aujourd'hui le plus lourdement le capital et pourtant il n'existe pas un débat public – qu'il s'agisse des retraites, de la maîtrise des déficits, de la redistribution – qui ne se conclue par ces mots : « Et si enfin on s'attaquait au capital ? » La France a beau être un des pays développés les moins inégalitaires, la passion sociale reste vive contre le capital, les patrons, les entreprises. Ce que révèlent les débats sur le CICE, les pigeons et l'ISF (taxation des revenus fictifs du capital), c'est une même incapacité à dissocier l'entreprise créatrice de richesses, l'entrepreneur qui risque un capital dans l'acte de création d'entreprise, la figure damnée du patron, et celle du rentier.

Dans cette assimilation de l'entreprise à son patron, il y a tout l'échec du « socialisme de production » à gauche et de l'économie de l'offre à droite. Comme on l'a vu au chapitre 1, l'effondrement des marges des entreprises est ancien. Le décrochage économique s'est accéléré au cours de la dernière décennie sous des gouvernements de droite ou de gauche, la réponse consistant le plus souvent à alourdir la taxation du capital même si au début du quinquennat de Sarkozy des mesures outrageusement favorables aux très grands patrimoines ont contribué à donner le sentiment inverse. C'est pourquoi la question de la taxation du capital mérite qu'on s'y arrête.

La fiscalité mise en place avec la loi de finance arrêtée par le gouvernement fin 2012 s'est traduite par un net alourdissement de la taxation des revenus du capital et des patrimoines. Pour justifier la surtaxation des revenus du capital par rapport à ceux du travail, d'aucuns invoquent un argument d'équité : pourquoi privilégier les revenus du capital sur ceux du travail, d'autant que les détenteurs de capital sont en général plus riches que ceux qui ne disposent que de leur force de travail ? Par ailleurs, on observe une forte croissance des inégalités de patrimoine, et la surtaxation du capital est un moyen qui paraît naturel pour combattre ces inégalités.

Tout d'abord, le lecteur doit savoir qu'aucune théorie ni analyse empirique sérieuse n'étaye l'idée qu'il faudrait taxer les revenus du capital – notamment le capital productif – comme ceux du travail. En particulier, la théorie de la finance publique met en évidence l'argument, très bien expliqué par les économistes Tony Atkinson et Joseph Stiglitz, que le capital c'est de l'épargne et que l'épargne n'est jamais que l'accumulation des revenus du travail nets de l'impôt sur le revenu. Taxer les revenus du capital, c'est donc taxer l'individu deux fois. C'est pourquoi mieux vaut corriger les inégalités à la source en taxant d'abord les revenus du travail et laisser les gens épargner et investir selon leurs préférences, plutôt que d'essayer de redistribuer indirectement en taxant l'épargne.

À cela, certains peuvent répondre que d'autres revenus sont également sujets à taxation multiple, donc pourquoi les revenus du travail ne le seraient-ils pas également ? Et la manière la plus juste serait alors de le faire à travers la taxation du capital. Mais intervient là un autre argument : nous sommes en économie ouverte, avec en particulier une liberté de mouvement des capitaux au sein de l'Union européenne. Par conséquent, surtaxer le capital en France conduit naturellement à encourager la fuite des capitaux, à commencer par le capital productif.

Un argument complémentaire est que surtaxer le capital, donc l'épargne, pousse les individus, même en économie fermée, à réduire fortement leurs investissements ou à simplement moins entreprendre. L'effet sur la croissance d'une surtaxation du capital est particulièrement négatif dans le cas d'une économie où la croissance est tirée par l'innovation et la création de nouvelles entreprises.

Est-ce à dire qu'il ne faut pas taxer le capital, encourager la rente, et ne pas porter attention aux inégalités de revenus et de patrimoine ? Bien sûr que non : l'exemple des pays d'Europe du Nord montre bien que l'on peut avoir une fiscalité qui soit à la fois redistributive, efficace – avec un bon rendement de l'impôt – et incitative, autrement dit qui ne pénalise pas l'innovation. Ces pays ont convergé vers des fiscalités similaires, avec un système « dual » dans lequel les revenus du travail sont soumis à des taux d'imposition progressifs tandis que pour les revenus du capital – en particulier le capital productif – c'est un taux forfaitaire qui s'applique.

En Suède, le tournant fut pris en 1991 lorsqu'ont été parallèlement introduites une réforme fiscale et une série de réformes structurelles (budgétaire, institutionnelle, etc.). Les deux piliers de la réforme fiscale suédoise furent d'une part un abaissement significatif du taux marginal de la tranche supérieure de l'impôt sur le revenu (qui passa de 88 à 55 %) et, d'autre part, le passage à un taux d'imposition forfaitaire de 30 % pour les revenus du capital (au lieu de l'imposition progressive en vigueur jusque-là, dont le taux marginal maximum était de 72 % et dont le taux moyen était de 54 %). Autrement dit, la fiscalité des revenus du capital était fortement progressive et proche de celle des revenus du travail jusqu'en 1991, et elle est devenue forfaitaire depuis la réforme fiscale de 1991. De façon intéressante, le revenu total des impôts a augmenté en Suède par rapport à 1991. Certes, il représentait 53 % du PIB en 1991 et il ne représente plus que 47 % du PIB aujourd'hui (davantage qu'en France jusqu'à la dernière loi de finance), mais la croissance du PIB a été telle depuis 1991 que les 47 % d'aujourd'hui représentent davantage de richesse que les 53 % d'alors.

Cette réforme fiscale a produit des effets étonnants sur l'économie suédoise : une croissance accélérée comme nous l'avons souligné plus haut, mais également une épargne stimulée (le taux d'épargne brut augmente de 9 % en 1990 à 12,86 % en 2011) et un saut en matière d'innovation avec une augmentation sensible de la production de brevets : entre 1990 et 2010, le nombre annuel de brevets par millier d'habitants passe en Suède de 1 à 2,5 alors qu'il n'augmente que de 0,8 à 1,25 en France pendant la même période. Et les Suédois ont opéré cette transformation tout en demeurant l'un des pays les moins inégalitaires au monde : en 2010, l'indicateur de Gini, qui mesure le degré d'équité dans la distribution des revenus après impôts, plaçait la Suède en deuxième position au sein de l'OCDE juste après le Danemark et devant la France. La réforme fiscale de 1991 a fait converger la fiscalité suédoise vers celle des autres pays d'Europe du Nord.

Les réformes scandinaves nous paraissent intéressantes parce qu'elles témoignent de démarches parallèles suivies par des gouvernements sociaux-démocrates de différents pays : ces démarches sont dictées par un même souci de stimuler l'innovation pour mieux s'adapter à l'économie mondialisée, tout en préservant une distribution équitable des revenus et en maintenant un niveau d'investissements publics conséquent en particulier dans l'éducation et la santé. Ces gouvernements ont tâtonné au fil des années mais en fin de compte leurs fiscalités ont convergé vers des systèmes qui répondent au mieux à cette double exigence d'équité et d'efficacité : les performances scandinaves mesurées à l'aune du triangle « emploi-innovation-maîtrise des inégalités » dominent largement celles des autres pays développés.

Tout surcroît d'impôt n'est pas rattrapable par des subventions publiques

En France, une idée dominante est que les effets négatifs d'un impôt peuvent être compensés grâce à de nouvelles subventions. À droite comme à gauche de l'éventail politique français, on trouve des défenseurs de l'idée que l'investissement privé, notamment l'investissement innovant, peut toujours être stimulé par des subventions publiques. En particulier, on peut toujours compenser les effets désincitatifs d'un surcroît d'impôt en créant une banque publique d'investissement, des niches fiscales ou un nouveau guichet d'aides publiques… Cependant, des études empiriques récentes sur les incitations directes et indirectes à l'innovation tendent à infirmer cette thèse.

Ainsi, on remarque que « l'intensité de la R&D financée par le secteur privé dans l'Union européenne est passée de 1,03 % du PIB en 1999 à 1,09 % en 2009, alors que dans de nombreux pays de l'Union, le coût des mesures nationales de soutien à la R&D a nettement augmenté et que les programmes communautaires pour la R&D ont vu leurs dotations fortement augmenter[9] ». Cela s'explique notamment par le fait qu'« au niveau microéconomique, les entreprises peuvent être incitées à substituer (partiellement) les aides publiques… à leur propre effort de R&D… Au niveau macroéconomique, il est possible que les stimuli publics augmentent le coût des inputs de la R&D (du fait des tensions sur l'offre)[10] ».

De façon plus précise, on peut vouloir comparer les effets des aides financières indirectes à l'innovation (crédits d'impôt, déductions fiscales, etc.) et les effets des aides financières directes (contrats de fourniture, subventions…). Du point de vue théorique, les aides indirectes ont pour avantage de laisser la liberté aux entreprises de décider de la meilleure utilisation des fonds publics. Autre avantage : ces aides ne sont pas biaisées en faveur d'un secteur ou d'une firme en particulier. En revanche, elles présentent un inconvénient, ce sont les effets d'aubaine : autrement dit, ces aides profitent également à des entreprises qui n'en ont pas vraiment besoin pour investir et innover[11]. Les aides directes, de leur côté, ont un inconvénient majeur : les gouvernements ne sont pas nécessairement les mieux informés sur les secteurs ou activités à fort potentiel innovant.

La littérature empirique sur le sujet montre que, sur un échantillon de 7 pays de l'OCDE, les aides publiques directes « ne semblent générer un effet de levier sur l'investissement privé en R&D qu'au Royaume-Uni[12] ». À l'inverse, un effet de substitution est visible au Canada, en France et en Italie[13]. Plus récemment, ce résultat a été confirmé sur la base d'une revue de littérature tenant compte de 30 études macroéconométriques réalisées entre 1966 et 1999[14]. En revanche, on observe un effet de levier important et significatif des aides financières indirectes sur l'investissement privé en R&D. Par exemple, une étude[15] montre sur données américaines que « pour chaque dollar de recette fiscale perdue, les entreprises ont investi entre 1,3 et 2 dollars supplémentaires en R&D[16] ».

Plus récemment a été effectuée une analyse simultanée des effets des aides directes et des aides indirectes sur la R&D privée*. Elle met en évidence un effet positif et significatif des incitations fiscales. En revanche, l'effet des aides financières directes est soit négatif, soit non significatif. Cela n'implique pas que les aides directes soient inutiles : ces aides permettent en effet de financer des projets de R&D. Mais ce que disent ces résultats, c'est que l'aide financière directe à la R&D n'a pas d'effet de levier sur l'investissement privé en R&D, par contraste avec l'aide financière indirecte, notamment celle qui résulte des allégements fiscaux.

---

* Montmartin (2012), *op. cit.* L'auteur régresse les dépenses privées en R&D (en pourcentage du PIB) sur le montant des aides directes perçues par les entreprises en pourcentage du PIB et sur le montant des incitations fiscales à la R&D. Les données utilisées pour cette régression proviennent de l'OCDE, du FMI, et de Russell Thomson pour les incitations fiscales. L'échantillon concerne 25 pays de l'OCDE sur la période 1990-2007 [Russell Thomson (2009), « Tax policy and the globalisation of R&D », *Australian National University Working Papers*, n° 3].

Autrement dit, il n'y a pas d'équivalence entre aides directes et aides fiscales du point de vue de leurs effets respectifs sur l'investissement privé en R&D. Les résultats de cette recherche font également apparaître un effet négatif et significatif des taux d'intérêt, ce qui suggère qu'une manière supplémentaire d'encourager la R&D privée est d'améliorer les conditions d'emprunt. Enfin, il n'y a pas d'effet significatif de la R&D publique sur la R&D privée, autrement dit il ne semble pas y avoir d'externalité de la R&D publique sur les investissements privés en R&D. De façon plus générale, ces résultats illustrent l'idée qu'il n'y a pas équivalence entre les aides indirectes (notamment fiscales) et les aides directes à l'innovation, et en particulier qu'on ne peut rattraper les effets désincitatifs d'une surtaxation des revenus du capital innovant simplement à travers le recours à des subventions directes à l'innovation.

S'attaquer aux inégalités en relançant l'ascenseur social

La France est paradoxalement un pays où les impôts et les transferts sociaux sont parmi les plus élevés au monde et où, en même temps, la mobilité sociale et professionnelle est faible. Par exemple, comme le souligne une note récente du Commissariat général à la stratégie et à la prospective (CGSP), « la moitié des élèves de classes préparatoires sont des enfants de cadres supérieurs ou dont les parents exercent une profession libérale, et un fils de cadre a douze fois plus de chances d'accéder à une grande école qu'un fils d'ouvrier ». Par ailleurs, le fait d'intégrer telle ou telle grande école (ou de n'en intégrer aucune) ainsi que le rang de sortie d'une grande école, comme l'ENA ou

Polytechnique, déterminent une fois pour toutes l'avenir professionnel d'un individu. La France est un pays qui n'offre pas de seconde chance, et qui est dominé par les « grands corps de l'État », ces derniers d'ailleurs recrutant en fonction du rang de sortie des grandes écoles.

Cette faible mobilité sociale dans la sélection des élites se traduit par une faible mobilité en matière de revenus. Le graphique ci-après montre dans quelle mesure, pour différents pays de l'OCDE, le revenu des parents prédit le revenu des enfants, l'idée étant que plus la corrélation entre revenu des parents et revenu des enfants est élevée, moins il y a de « mobilité de revenus ». De fait, la France est parmi les pays à mobilité de revenus la plus faible avec la Grande-Bretagne, les États-Unis et l'Italie. En revanche, la mobilité de revenus est plus grande en Allemagne, en Suède, au Canada, en Finlande et en Norvège. Ces pays ont en commun, d'une part d'avoir mis l'accent sur la qualité de leur système éducatif et, d'autre part, d'avoir combiné des marchés du travail plus flexibles avec des systèmes de formation professionnelle plus efficaces.

L'attitude des gouvernements (de droite ou de gauche) qui se sont succédé depuis la guerre a été de ne jamais toucher aux fondements inégalitaires de notre système de formation et de sélection des élites tout en compensant le manque de mobilité sociale par le recours exclusif à une redistribution par l'impôt.

Comment accroître la mobilité sociale ?

Différents leviers peuvent être activés, qui nous permettraient d'accroître considérablement la mobilité sociale dans notre pays. En particulier : 1) le système éducatif et universitaire, avec l'idée que la qualité et la poursuite de l'excellence comptent au moins autant que le montant des dépenses ou le nombre de postes créés ; 2) la possibilité d'entreprendre, d'où l'importance de réduire les coûts administratifs de création d'une entreprise et de faciliter l'accès à la finance bancaire ou par actions ; 3) les politiques actives sur le marché du travail, avec notamment la combinaison d'un marché du travail flexible avec un système efficace de formation professionnelle. Ici encore, la qualité du service public et les bonnes règles de gouvernance comptent au moins autant que le montant des investissements publics.

Une étude récente sur la mobilité sociale aux États-Unis[17] fournit la base de données la plus détaillée à ce jour sur la mobilité de revenus intergénérationnelle, c'est-à-dire sur la corrélation entre revenus des parents et revenus des enfants. Moins le revenu des enfants est corrélé avec celui des parents, plus il y a mobilité sociale.

Cette étude utilise des données fournies par l'Internal Revenue Service (l'Office des impôts américain) sur la période 1996-2011. Plus précisément, pour chaque famille, on calcule un indice de mobilité en reliant le revenu de la famille parentale sur la période 1996-2000 au revenu de la famille de l'enfant sur la période 2010-2011. Ensuite, on calcule la mobilité moyenne au sein d'une « *commuting zone*[*] » et on compare les indices de mobilité ainsi construits entre *commuting zones* dans différents États ou régions des États-Unis.

Le graphique suivant montre qu'une *commuting zone* avec un haut niveau de mobilité sociale est également une *commuting zone* qui croît plus vite. Autrement dit, on voit apparaître une corrélation fortement positive entre mobilité et croissance.

* Une *commuting zone* aux États-Unis regroupe plusieurs municipalités qui interagissent étroitement, c'est l'équivalent d'une zone urbaine en France.

Graphique 2.1. Mobilité sociale entre générations et taux de croissance dans les *commuting zones* aux États-Unis en 2010-2011

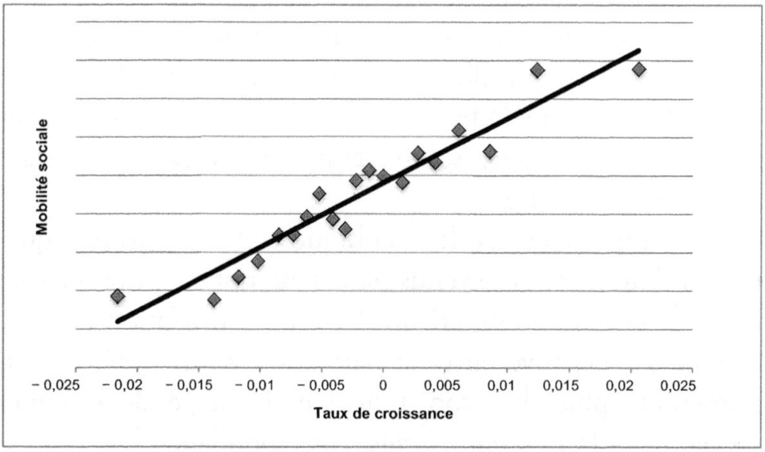

Source : *Chetty* et al., *Equality of Opportunity Project*.

Graphique 2.2. Mobilité sociale entre générations et inégalités au sein de la classe moyenne aux États-Unis en 2010-2011

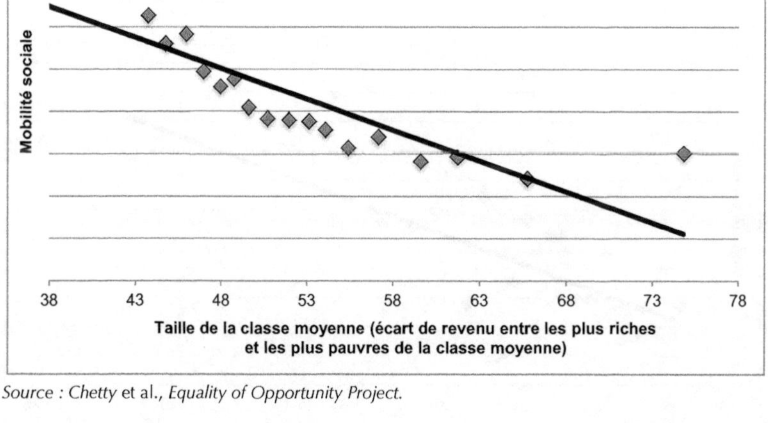

Source : *Chetty* et al., *Equality of Opportunity Project*.

Le graphique 2.2 montre une corrélation négative entre mobilité sociale dans une *commuting zone* et inégalités au sein de la classe moyenne de cette *commuting zone* (c'est-à-dire entre le quart inférieur et le quart supérieur dans l'échelle des revenus des familles parentales qui vivent dans cette zone). Cela reflète l'idée que la mobilité sociale réduit les inégalités entre la classe moyenne inférieure et la classe moyenne supérieure.

Plus surprenant est le graphique 2.3 : il montre qu'à niveau d'inégalité de revenus parentaux donné entre quartile inférieur et quartile supérieur, il y a une corrélation positive et non pas négative entre la part des revenus des 1 % qui gagnent le plus (le « top 1 % ») et le degré de mobilité sociale dans la *commuting zone* correspondante.

En particulier les États du Nord ou encore la Californie sont ceux où la part des revenus touchés par le top 1 % est la plus grande, mais ce sont également les États américains où la mobilité sociale est la plus grande. La raison

Graphique 2.3. Mobilité sociale entre générations et part de revenu des 1 % les plus riches aux États-Unis en 2010-2011

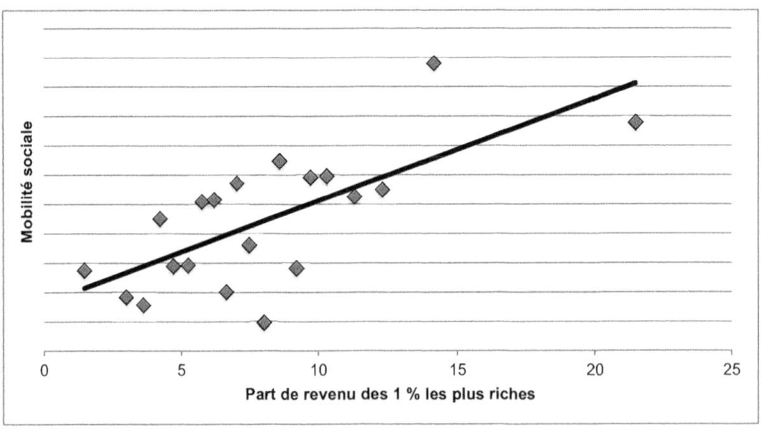

Source : Chetty et al., Equality of Opportunity Project.

en est que les États du Nord se sont dotés très tôt d'institutions qui favorisent l'innovation, la création de nouvelles entreprises et la mobilité des travailleurs d'un emploi à un autre. Cela augmente la mobilité sociale et en même temps stimule l'innovation (donc l'enrichissement) et la croissance. Par contraste, les États du Sud portent le poids de leur histoire : celle de l'esclavage et des grandes propriétés foncières. D'où la persistance d'institutions et de pratiques sociales plus rigides, qui à la fois limitent la mobilité sociale et brident l'innovation et donc l'enrichissement et la croissance.

Une approche qui consisterait à simplement surtaxer le top 1 % manquerait la cible en ce sens qu'elle réduirait les inégalités sans augmenter la mobilité ni la croissance moyenne de l'économie américaine. Par contre une politique qui viserait directement à augmenter la mobilité dans les États du Sud aurait également l'effet de réduire les

Graphique 2.4. Mobilité sociale et destruction créatrice

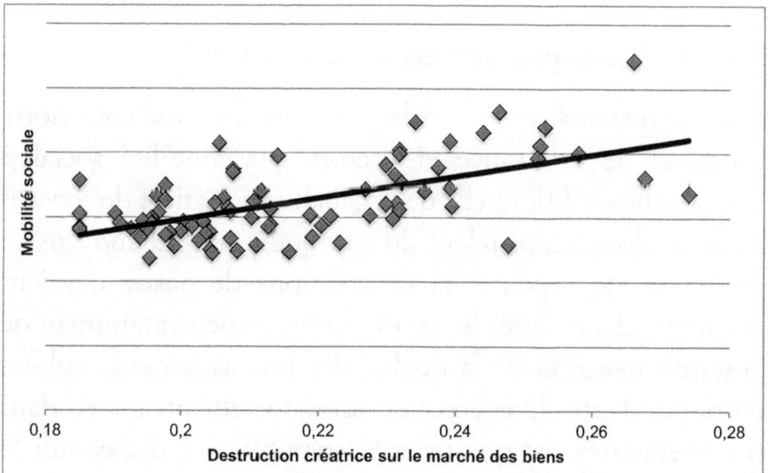

Source : Chetty et al., Equality of Opportunity Project.

inégalités, mais en augmentant la mobilité et la croissance en moyenne aux États-Unis.

Nous avons utilisé ces mêmes données sur la mobilité sociale dans les *commuting zones* américaines pour explorer la corrélation entre mobilité sociale et « destruction créatrice » sur le marché des biens[18]. La destruction créatrice est également mesurée au niveau local par le taux de remplacement d'entreprises existantes par de nouvelles entreprises.

De façon étonnante, dans le graphique 2.4 on observe une corrélation très fortement positive entre mobilité sociale et destruction créatrice sur le marché des biens. Cela suggère en particulier qu'une intensité concurrentielle plus grande et une libre entrée sur le marché des biens ne nuisent en rien à la mobilité sociale, tout au contraire.

Enfin en utilisant ces mêmes données sur la mobilité sociale aux États-Unis, Chetty et ses coauteurs établissent une corrélation fortement positive entre mobilité sociale et niveau d'éducation. Cela nous ramène naturellement au sujet de l'école.

Refonder l'école pour relancer l'ascenseur social

Comment réformer l'école pour à la fois améliorer notre potentiel de croissance et accroître la mobilité sociale ? L'approche traditionnelle de la gauche en matière de services publics a longtemps relevé du « toujours plus de moyens » : davantage de dépenses et de créations de postes devaient permettre d'améliorer le service public, indépendamment de la gouvernance et de la qualité des investissements publics correspondants. Une seconde idée, fortement ancrée dans nos mentalités, est qu'une école républicaine dispensant le même enseignement partout et dotée d'un budget uniforme sur tout le territoire ne peut que contribuer à davantage d'égalité et à une plus grande harmonie sociale. Or ces deux idées sont fausses.

Sur la première idée, des études récentes montrent clairement que ce qui compte, ce n'est pas tant (ou pas seulement) le montant des investissements (mesuré en euros ou en nombre de postes créés) que la qualité de ces investissements. Les graphiques ci-après, extraits de travaux récents[19], illustrent ce point à propos de l'éducation.

Graphique 2.5. Croissance et « qualité » de l'éducation primaire et secondaire

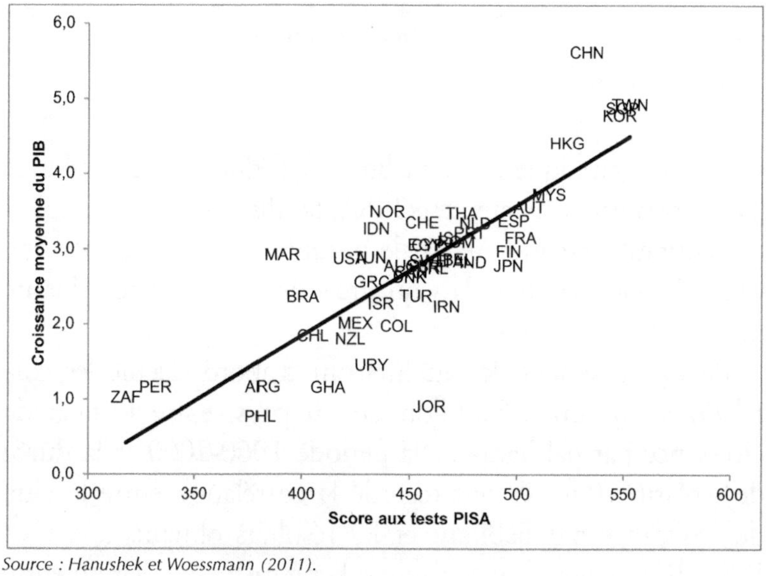

Source : Hanushek et Woessmann (2011).

Graphique 2.6. Croissance et « quantité »
de l'éducation primaire et secondaire

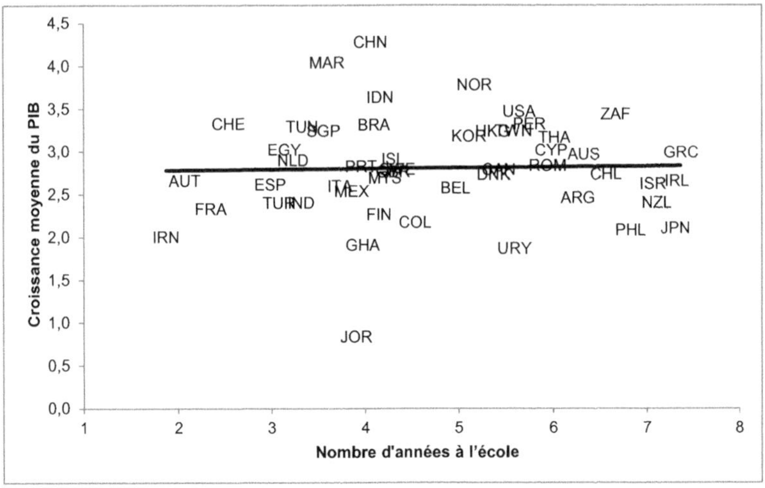

Source : Hanushek et Woessmann (2011).

Sur ces graphiques, la « qualité » de l'éducation est mesurée par les performances aux tests PISA, tandis que l'investissement « quantitatif » est mesuré par le nombre d'années de scolarité. On voit que c'est bien la « qualité » qui s'avère déterminante pour créer de la croissance.

Plus précisément, les auteurs ont d'abord calculé les corrélations, sur un échantillon de 50 pays, entre le taux de croissance par habitant sur la période 1960-2000 et la durée de scolarité. Puis, ils ont regardé la corrélation entre le taux de croissance par habitant et les résultats obtenus aux tests PISA. Ils ont alors constaté que si la première corrélation entre croissance et investissement quantitatif en éducation est très faible, la corrélation entre croissance et qualité de l'éducation est très forte. Autrement dit une année de scolarité supplémentaire n'aura pas d'effet sur la croissance, tandis qu'une amélioration des performances aux tests PISA aura un impact positif significatif sur la croissance. Cela montre bien que la qualité de l'investissement en éducation importe au moins autant que le montant des moyens investis, autrement dit que rien ne sert d'investir plus si l'on n'investit pas mieux.

Or la France conserve un classement moyen sur l'échelle PISA et ses performances n'ont cessé de se détériorer depuis dix ans. Si elle était encore en 13e position en 2000 avec 511 points, elle n'était plus que 25e en 2012 avec 495 points et plus de 20 % des élèves entrant en 6e ne maîtrisaient pas les savoirs fondamentaux.

Que peut-on dire à présent des performances de l'école républicaine en matière d'égalité et d'insertion sociale ? Là encore, l'idée d'une école républicaine contribuant à la mobilité sociale est infirmée par la réalité : la dégradation des performances moyennes du système scolaire en France se double d'un creusement des inégalités, avec une réussite scolaire qui dépend de plus en plus de la situation des parents. La France est ainsi le pays de l'OCDE où les résultats scolaires sont le plus fortement corrélés à l'origine socio-économique : 22,5 % contre 15 % en moyenne pour les autres pays. Il y aurait par ailleurs deux fois plus d'enfants en retard de deux années scolaires dans les zones urbaines sensibles que dans les autres quartiers[20] .

Comment alors réformer l'école en France pour améliorer nos performances PISA (et donc notre potentiel de croissance) tout en assurant une plus grande égalité des chances ? L'exemple finlandais est, à cet égard, particulièrement édifiant. La Finlande consacre en effet à l'éducation la même part de son budget que la France et pourtant obtient des résultats très supérieurs aux nôtres. Sur l'échelle des enquêtes PISA, qui mesurent l'acquisition des savoirs et des compétences dans différents pays, la Finlande affiche des résultats exceptionnels : parmi les pays de l'OCDE, elle occupe en 2009 la 2e place en lecture et compréhension de texte ainsi qu'en mathématiques, et la 1re place en sciences. En revanche, les résultats PISA de la France se situent dans la moyenne des pays de l'OCDE pour la lecture mais en dessous pour les sciences et les mathématiques et, globalement, les résultats n'ont cessé de se détériorer depuis l'année 2000.

Où réside le secret de la réussite finlandaise* ? Un premier levier du succès finlandais est son système très développé de *lutte contre l'échec scolaire* dès le primaire. Le second levier est celui de la *qualité des enseignants*. Il ne s'agit évidemment pas pour la France de simplement copier le système finlandais. Mais cette comparaison illustre une idée importante : la gouvernance et l'organisation du système éducatif jouent au moins autant que les moyens investis. La gauche doit raisonner en termes quantitatifs certes mais également qualitatifs lorsqu'elle envisage une dépense publique. Cette idée d'insister sur le qualitatif, et donc sur l'excellence, s'applique également à l'enseignement supérieur et la recherche.

Repenser le rôle et la politique du Smic

Une idée répandue est que le Smic est un instrument de redistribution et donc sert à réconcilier la croissance avec une maîtrise des inégalités. Le Smic aurait donc une double vocation implicite : lutter contre la pauvreté et fixer la norme salariale. C'est cette double vocation qui fait précisément problème.

* Nous reviendrons plus en détail sur le cas finlandais dans le chapitre 5.

Il existe toute une littérature (en économie du travail) sur les avantages et les inconvénients d'un système de salaire minimum.

Partant d'une situation sans salaire minimum, la mise en place d'un tel salaire peut permettre de réduire les inégalités entre salariés. En outre, le salaire minimum n'est pas en soi source d'inefficacité économique. Par exemple, l'économiste Steve Machin a montré que dans des secteurs « monopolistiques », où la demande de travail émane d'une seule entreprise, l'établissement d'un salaire minimum peut décourager l'entreprise de réduire sa demande d'emplois afin de faire baisser le salaire d'équilibre. D'autres économistes ont mis en évidence le rôle positif que peut avoir un salaire minimum pour inciter les entreprises à accroître le degré de qualification et donc la productivité de leurs employés. D'autres enfin font valoir qu'une augmentation du salaire minimum permet de stimuler la demande globale et par conséquent l'emploi et l'activité économique.

Cependant, un salaire minimum trop élevé peut nuire à la fois à l'emploi, à la confiance et à la mobilité sociale. Il nuit à l'emploi parce que dans une économie ouverte comme celle de la France aujourd'hui, l'effet favorable sur la demande globale d'une hausse des salaires est très rapidement dépassé par l'impact négatif du renchérissement du coût du travail sur la demande de travail peu qualifié. Les premiers touchés sont les jeunes et les travailleurs peu qualifiés et les effets se concentrent sur les petites et moyennes entreprises, qui se trouvent aujourd'hui dans une situation économique et financière particulièrement fragile et qui ont pourtant vocation à croître.

Il nuit à la confiance parce qu'il laisse peu de place à la négociation directe entre partenaires sociaux et donc limite les incitations qu'ont ces partenaires à investir dans la confiance réciproque et dans la coopération. Or la négociation collective a un rôle essentiel à jouer pour assurer un bon déroulement de carrière aux travailleurs et contribuer à l'amélioration de leur pouvoir d'achat. Un salaire minimum trop élevé freine la négociation collective et par suite limite la mobilité sociale des travailleurs. En particulier, on observe très nettement une corrélation négative entre le degré de centralisation dans la fixation du salaire minimum dans un pays et le degré de confiance dans ce même pays[21]. C'est le cas de la France où la négociation sur le salaire minimum est fortement centralisée mais où la confiance est faible. Au contraire, dans les pays scandinaves, la négociation sur le salaire minimum est décentralisée et le degré de confiance élevé.

Enfin, le Smic ne peut être l'instrument central d'une politique de lutte contre la pauvreté pour au moins deux raisons. Tout d'abord, le salaire minimum n'est pas particulièrement ciblé sur les salariés les plus en difficulté et les plus pauvres du fait de la nature de leur emploi ou des charges familiales qui sont les leurs. Ensuite, un salaire minimum élevé a des conséquences négatives sur l'emploi des personnes les plus vulnérables sur le marché du travail. En constituant un obstacle à l'amélioration du revenu des personnes qui ne parviennent pas à trouver un emploi ou à augmenter leur nombre d'heures de travail, le Smic se retourne en réalité contre certains de ceux qu'il est censé protéger[22].

Une politique de redistribution assise sur des mesures fiscales ou des prestations sociales est nettement plus efficace pour lutter contre la pauvreté que le salaire minimum. Les revenus primaires des salariés au Smic horaire sont d'une très grande hétérogénéité en fonction du nombre d'heures travaillées dans l'année et de la configuration familiale. Les prestations liées au travail permettent de redistribuer des ressources de façon mieux ciblée sur les familles à bas revenus. Avec la prime pour l'emploi (PPE) et le revenu de solidarité active (RSA), la France s'est dotée d'instruments efficaces pour lutter contre la pauvreté au travail sans peser sur le coût du travail et l'emploi et donc avec moins d'effets négatifs sur l'innovation. En résumé, une analyse méthodique des faits montre que le Smic ne peut servir de levier principal pour réconcilier croissance, innovation et maîtrise des inégalités. Il faut modérer sa croissance de façon qu'elle ne dépasse pas la croissance de la productivité moyenne du travail : la gestion du Smic doit rester prudente, et s'inscrire dans une politique générale à la fois de maîtrise des coûts salariaux, primordiale pour le développement de l'emploi et la protection du revenu des travailleurs situés en bas de l'échelle, et de soutien au revenu des familles les plus démunies. Nous revenons sur ces points plus en détail au chapitre 5, qui avance des orientations pour une réforme du Smic et des politiques de lutte contre la pauvreté.

Repenser la politique industrielle

Le gouvernement français vient de se faire le chantre d'une « Nouvelle France industrielle » en s'inscrivant dans une lignée prestigieuse qui va de Colbert à Montebourg, en passant par de Gaulle et Pompidou. En choisissant 34 secteurs prioritaires et en désignant les leaders, l'État se donne pour mission de sélectionner les secteurs d'avenir. Ce plan, qui vient après les programmes « Investissements d'avenir », les « pôles de compétitivité » et les « filières industrielles » de la CNI, entend installer l'État en chef d'orchestre industriel choisissant les entreprises, secteurs et filières dans lesquels investir les fonds publics de façon prioritaire.

En cela, le gouvernement entend renouer avec une tradition qui remonte à l'immédiat après-guerre. En effet, au sortir de la Seconde Guerre mondiale, de nombreux pays ont engagé des politiques dites « industrielles » dans le but de promouvoir de nouvelles industries et de protéger les activités domestiques contre la concurrence des pays étrangers plus avancés. Ainsi, en Asie de l'Est, des pays comme la Corée ou le Japon ont choisi de promouvoir l'exportation, en partie grâce à des barrières tarifaires et non tarifaires et en partie en maintenant des taux de change sous-évalués. En Europe, plusieurs pays se sont engagés dans des politiques de subventions ciblant certaines industries ou certains « champions nationaux », en particulier en France où le pouvoir gaulliste a pratiqué une politique colbertiste en soutenant fortement des secteurs de pointe tels que l'industrie aéronautique, les télécoms, l'espace, l'énergie[23].

Cependant, la fin du rattrapage, l'intégration européenne qui interdit le protectionnisme, même offensif, et le passage à une économie de l'innovation basée sur la destruction créatrice (c'est-à-dire la création et destruction permanente d'entreprises et d'activités) ont remis en cause ce modèle. En particulier, il lui est reproché d'empêcher ou de biaiser la concurrence, or celle-ci est un moteur clé du processus d'innovation.

Ainsi, les décideurs publics ont progressivement basculé en faveur de politiques dites « horizontales » qui, au lieu de soutenir telle ou telle industrie, visent à améliorer l'environnement économique dans lequel opèrent toutes les entreprises. En particulier, la Commission européenne prône une pleine libéralisation des marchés de biens et services et du marché du travail ainsi que la stabilité macroéconomique et financière.

Mais l'histoire économique récente et la crise financière de 2008 sont venues à leur tour bousculer cette nouvelle doxa anti-politique industrielle. Tout d'abord, l'expérience de la crise financière récente et la montée en force de la Chine sur la scène économique internationale ont démontré la supériorité des pays où l'État intervient pour soutenir des secteurs décisifs pour la croissance, autrement dit où l'État conduit une politique industrielle conséquente. Plus précisément, la crise a montré qu'en l'absence totale d'intervention de l'État, les pays se soumettent à des dynamiques de spécialisation uniquement dictées par les forces du marché et qui s'avèrent souvent sous-optimales. C'est ainsi que, en se spécialisant à l'excès dans les services domestiques non exportables – la construction et l'immobilier –, la Grèce et l'Espagne sont devenues particulièrement vulnérables à la crise. Et il est intéressant de remarquer également que, pour lutter contre la récession, les gouvernements de plusieurs pays avancés, tels que l'Allemagne, la France et les États-Unis, ont renoué avec les politiques sectorielles et ont notamment tous soutenu leurs industries automobiles.

Cela signifie-t-il qu'il faille retourner aux pratiques anciennes et à cette conception dirigiste (*top-down*) de la politique industrielle ? Nous ne le pensons pas. Certes, il y a une place pour des politiques sectorielles même dans une économie de l'innovation, mais ces politiques doivent être profondément repensées et réinventées. Elles passent par une meilleure définition du rôle des acteurs, une gouvernance des aides plus rigoureuse et une articulation pensée entre politiques macro et politiques sectorielles.

Quels critères pour un ciblage sectoriel ?

Des études récentes[24] montrent qu'en ciblant des subventions sur des secteurs, et non sur des firmes, on limite le risque de choisir un mauvais « champion ». En outre, si les subventions se concentrent sur des secteurs où opèrent déjà plusieurs firmes concurrentes, alors la concurrence au sein du secteur continue à opérer, favorisant l'innovation et la croissance. Plus précisément, on observe que des aides sectorielles sont d'autant plus favorables à la croissance qu'elles interviennent dans des secteurs fortement compétitifs. De même, on peut montrer que les aides sectorielles ont plus d'impact sur la croissance si elles sont ciblées sur des secteurs qui misent davantage sur la qualification des travailleurs. Il est donc possible de définir des critères objectifs pertinents et mesurables pour sélectionner les secteurs prioritaires. Cela contraste quelque peu avec l'approche suivie par le gouvernement français sur la base de rapports publiés par McKinsey.

Quelle gouvernance pour les politiques sectorielles ?

D'autres études montrent qu'il importe de bien penser la gouvernance des subventions. En particulier, il en ressort que des subventions sectorielles ont un effet sur la croissance d'autant plus positif qu'elles sont « égalitaires », c'est-à-dire qu'elles ne privilégient pas une firme ou un sous-groupe de firmes au sein d'un secteur. À cet égard, décentraliser la politique industrielle peut aider : en Allemagne, par exemple, où l'aide sectorielle est impulsée au niveau des Länder, même si chaque région choisit son propre « champion », la multiplicité des régions garantit la pluralité des firmes bénéficiaires au sein d'un même secteur au niveau national. Enfin, l'analyse historique des banques de développement, notamment en France et en Allemagne, ainsi que celle des processus de transition dans les pays d'Europe centrale et orientale suggèrent que des aides publiques sectorielles cofinancées avec le secteur privé offrent la garantie que des investissements qui s'avèrent infructueux ne seront pas poursuivis indéfiniment. Autrement dit, il faut introduire des mécanismes crédibles d'« exit ».

En résumé, la question n'est pas tant de savoir si les pays développés ont besoin ou non d'une politique industrielle, que de concevoir et gouverner cette politique industrielle de façon à la rendre compatible avec la concurrence, qui elle-même stimule l'innovation.

L'impératif écologique a un coût

L'écologisation de l'économie, la croissance sobre, la transition énergétique ont progressivement acquis le statut d'objectifs incontestés des politiques économiques de gauche et de droite. Mais sur ce terreau commun deux idées plus contestables se sont développées : la première est celle de la décroissance, la seconde celle de la transition sans coûts réels pour les consommateurs, les finances publiques et les entreprises.

Une première fausse idée est que l'épuisement de nos ressources naturelles, la dégradation de l'environnement et le réchauffement climatique doivent nous conduire à prôner la « décroissance ». Le raisonnement est simple : il faut cesser de croître pour retarder l'épuisement de nos ressources et endiguer le réchauffement climatique, puisque ces deux phénomènes résultent directement de la croissance. Le problème est que ce raisonnement est profondément malthusien : il suppose un monde « fini », où toute activité de production est limitée par une quantité fixe de ressources naturelles. Or l'innovation permet de faire sans cesse reculer les limites du possible grâce à la découverte de nouvelles sources d'énergie ainsi que de nouveaux procédés de production permettant d'économiser sur l'usage des ressources existantes. Autrement dit, pour domestiquer les risques environnementaux et lutter contre le réchauffement climatique, il faut stimuler l'innovation verte et la transition énergétique.

Une seconde fausse idée est que la transition énergétique peut se faire à coût zéro. Or c'est ignorer les avantages comparatifs acquis à la fois dans la production et dans l'innovation dans les secteurs ou activités polluantes. Opérer la transition énergétique, c'est contraindre nos entreprises à réorienter leur production et leurs activités de recherche et développement vers des activités où elles démarrent souvent avec un handicap d'expérience. Pour autant, il ne faut pas renoncer à opérer la transition énergétique car elle est nécessaire pour maximiser la probabilité d'une croissance durable sans catastrophe climatique.

Parmi ceux qui sont convaincus de la nécessité d'une transition énergétique mais reconnaissent en même temps qu'une telle transition est coûteuse, le débat achoppe souvent autour de l'arbitrage entre les coûts immédiats d'une intervention et ses bénéfices à long terme. Préfère-t-on supporter un coût maintenant et des bénéfices demain parce que l'on valorise davantage l'avenir que le présent – auquel cas il faut intervenir dès à présent pour préserver notre environnement –, ou bien accorde-t-on davantage d'importance à notre bien-être immédiat au détriment de notre bien-être futur (et de celui de nos enfants), auquel cas on différera toujours la lutte contre le réchauffement climatique ? Le rapport Stern, qui suppose une faible préférence pour le présent, prône une intervention immédiate, tandis que l'économiste William Nordhaus et d'autres après lui font l'hypothèse d'une préférence plus forte pour le présent, ce qui les conduit à recommander des politiques plus graduelles.

La prise en compte de l'innovation dans le débat sur le réchauffement climatique remet en cause le calendrier optimal des politiques environnementales. Elle incite à agir vite et par conséquent donne raison à Nicholas Stern, même si l'on adopte les hypothèses de Nordhaus sur le taux d'escompte du futur ou la préférence pour le présent. En effet, ne pas intervenir induit non seulement une détérioration de l'environnement mais, de plus, en l'absence d'intervention de l'État, les entreprises continuent d'innover dans les technologies polluantes où elles ont déjà acquis une avance technologique. Et plus les technologies polluantes prennent de l'avance par rapport aux technologies vertes, plus les politiques environnementales requises pour redresser la barre et faire basculer l'économie vers les technologies propres seront coûteuses.

Se pose enfin la question de la coordination, au niveau mondial, de la lutte contre le réchauffement climatique. En effet, même si la Chine ou le Brésil contribuent déjà au progrès technique mondial, la majorité des pays du Sud, en particulier les pays les plus pauvres, n'ont pas les moyens d'inventer de nouvelles technologies propres. En revanche, ils peuvent imiter les technologies vertes conçues dans les pays développés. Le problème est que, pour les pays en développement, la priorité numéro un est le décollage économique, pas l'environnement ; et pourtant, nous avons montré l'urgence et l'importance qu'il y a à intervenir pour enrayer la dégradation de l'environnement.

Comment sortir de ce dilemme ? Comment rendre les technologies propres abordables pour les pays du Sud sans décourager l'innovation verte dans les pays développés ? L'exemple du développement des énergies renouvelables et notamment du solaire en Allemagne permet de lever ce dilemme. Au départ il y a la volonté allemande de promouvoir les énergies renouvelables. Ce choix s'est traduit non seulement par une politique classique de subventions à la recherche et l'application du protocole de Kyoto sur la limitation des émissions de gaz à effet de serre, mais surtout par une politique très avantageuse de rachat obligatoire par les exploitants électriques allemands de l'énergie verte produite (« *feed in tariff* »). Cette politique a eu un double effet : un net renchérissement pour le consommateur allemand de sa facture électrique et un formidable débouché pour l'industrie allemande. L'existence de ce débouché garanti a permis le développement d'une filière solaire allemande qui va des équipements aux panneaux avec comme résultats une amélioration continue du rendement des panneaux et le développement d'une ingénierie spécifique au secteur. Les technologies développées, certes protégées par de la propriété intellectuelle, ont rapidement essaimé et la Chine est devenue leader mondial du secteur. Ainsi, les sacrifices du consommateur allemand ont permis le développement d'une industrie qui aujourd'hui dans les régions ensoleillées de la planète permet la production d'une électricité compétitive avec l'électricité conventionnelle et sans subventions !

Au total, lutter contre le réchauffement climatique nécessite un volontarisme et une coordination accrus de la part des pays développés, pour diriger leur production et leur innovation vers des secteurs non polluants, pour subventionner la diffusion des nouvelles technologies propres vers les pays en développement, et enfin pour décourager l'émergence de paradis polluants, si besoin en faisant appel à la menace de « tarifs carbone ». Cela a un coût immédiat – il n'y a donc pas de repas gratuit, comme disent les économistes –, mais c'est un coût vertueux pour les pays développés comme pour les pays émergents.

Qu'il s'agisse du « keynésianisme primitif » fondé sur la priorité faite en toutes circonstances à la relance de la demande ou de la politique industrielle fondée sur l'idée que l'État sait mieux que le marché dans quel secteur investir, qu'il s'agisse du toujours plus en matière éducative ou de la surtaxation du capital, qu'il s'agisse des prothèses de l'action publique pour corriger les effets négatifs de politiques inadaptées ou des coups de pouce rituels au Smic, un même principe erroné est à l'œuvre : les solutions qui avaient cours après guerre dans une économie peu ouverte et en situation de rattrapage restent valables pour des économies ouvertes engagées dans une nouvelle vague technologique et dans une économie mondialisée. C'est à se déprendre de ces réflexes idéologiques et politiques que ce livre invite dans les chapitres qui suivent.

CHAPITRE 3

Définir une stratégie de réformes

Quelles orientations adopter pour positionner l'économie française sur une trajectoire de croissance forte, soutenable, équilibrée et équitable ? De nombreux rapports[1] émanant d'économistes ou d'institutions internationales se sont attaqués à cette question. Par-delà les différences de sensibilité ou d'approche d'un rapport à l'autre, il existe un consensus assez large sur la nécessité de fluidifier les marchés, d'améliorer l'appariement de l'offre et de la demande de travail, de stimuler la compétitivité, de permettre une montée en gamme et enfin de favoriser un développement écologiquement responsable. Pourtant, il est d'usage, dans une certaine gauche française, de rejeter en bloc ces orientations au motif qu'elles seraient par trop inspirées d'une logique de l'offre, libérale par essence, et de ce fait condamnées à augmenter les inégalités et les injustices sociales. Or non seulement ce rejet repose sur des idées fausses, comme nous venons de le voir, mais il se heurte aussi à l'analyse des expériences étrangères, comme nous allons le montrer dans les chapitres suivants.

Pour autant, nous ne proposons pas de simplement reproduire le « modèle » américain, ni les « modèles » allemand ou suédois, mais de s'inspirer de ce qui marche dans ces pays : pour le premier, ce sera l'innovation, pour le deuxième, la compétitivité et pour le troisième, la capacité de concilier de faibles inégalités et une croissance forte et soutenable.

Pays de taille moyenne, très ouvert aux échanges internationaux et caractérisé par une forte mobilité du capital et du travail qualifié au sein de l'Europe, la France ne peut sérieusement réfléchir à une nouvelle stratégie de croissance en faisant totalement abstraction de ce qui se passe dans le reste du monde. Ce qui doit être spécifique à la France en revanche, c'est le dosage des différentes politiques, afin d'atteindre le triple objectif de stimuler l'innovation et la croissance, de réduire nos déficits publics et d'atténuer les inégalités sociales.

Les leviers d'une croissance par l'innovation

Des travaux récents le montrent : les leviers d'une croissance basée sur l'innovation sont différents de ceux d'une croissance fondée sur l'imitation ou le rattrapage technologique.

Tout d'abord, l'innovation de pointe (ou innovation « à la frontière technologique ») a besoin d'un marché des biens concurrentiel, et cela pour deux raisons essentielles : d'une part, parce que davantage de concurrence incite à l'innovation pour justement échapper à la concurrence et réaliser des profits de monopole (au moins temporairement, jusqu'à ce que l'innovation soit rendue obsolète par de nouvelles innovations) ; d'autre part, parce que les nouvelles idées sont souvent introduites par de nouveaux entrants sur le marché des biens, tandis que les firmes en place tendent à perfectionner les produits ou les technologies qu'elles ont inventés dans le passé. Ainsi, ce ne sont pas les grands producteurs d'avions à hélices qui ont introduit les avions à réaction, tout comme ce n'est pas IBM qui a le premier introduit les ordinateurs portables. Et, de fait, les travaux empiriques montrent que plus la croissance d'une économie repose sur l'innovation « frontière », plus cette croissance est stimulée par davantage de concurrence et de mobilité sur le marché des biens.

Graphique 3.1. La croissance de la productivité globale des facteurs (PGF) en fonction de la libéralisation à l'entrée (chiffres des années 2000)

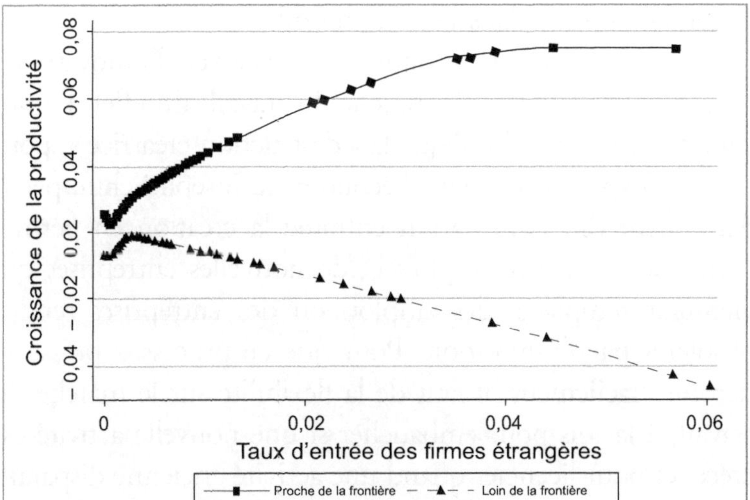

Source : Aghion et al. *(2006)*[2].

Le graphique 3.1 montre bien qu'une augmentation du niveau de la concurrence (ici, cela correspond à un taux d'entrée plus élevé des firmes étrangères) a un impact positif sur la croissance de la productivité (autrement dit sur l'innovation) pour les firmes qui sont proches de la frontière technologique (courbe avec des points). À l'inverse, cette même augmentation du niveau de concurrence a un effet négatif sur la croissance de la productivité pour les firmes qui sont loin derrière la frontière technologique (courbe avec des flèches). Dans le premier cas, plus de concurrence incite les firmes à innover davantage pour survivre, alors que dans le second cas, cela a l'effet inverse pour les firmes qui sont loin de la frontière technologique : ces dernières savent qu'elles n'ont aucune chance face aux nouveaux entrants sur le marché des biens. Et plus une économie est proche de la frontière technologique, plus elle est composée de firmes innovantes plutôt que de firmes installées, et par conséquent l'effet global de la concurrence sur l'innovation sera plus largement positif dans cette économie.

En second lieu, une économie tournée vers l'innovation a besoin de mobilité sur le marché du travail. En effet, l'innovation « frontière » implique la « destruction créatrice », pour utiliser l'expression chère à l'économiste Joseph Schumpeter. Autrement dit, l'innovation entraîne la création en permanence de nouveaux emplois et de nouvelles entreprises qui viennent remplacer des emplois ou des entreprises rendus obsolètes par l'innovation. Pour que ce processus puisse se dérouler facilement, il faut de la flexibilité sur le marché du travail, à la fois pour embaucher si une nouvelle activité est créée, et pour licencier quand une activité ancienne disparaît. Un défi majeur pour l'État et les partenaires sociaux est de réconcilier une plus grande flexibilité à l'embauche et au licenciement avec une sécurisation des parcours professionnels, c'est-à-dire une assurance à la fois sur le revenu des travailleurs et sur leur possibilité de rebondir facilement d'un emploi à un autre, notamment grâce à un bon système de formation professionnelle.

En troisième lieu, une économie dont la croissance repose sur l'innovation de pointe a besoin d'universités performantes, notamment en matière de recherche. Certains en France minimisent l'importance d'avoir des universités bien notées par les classements de Shanghai ou du *Times*, voire les récusent au nom d'une irréductible spécificité française. Or on peut montrer que les pays qui ont des universités bien classées par Shanghai ou le *Times* sont également ceux qui ont les meilleures performances en matière d'innovation et de brevets. Autrement dit, alors que la France des Trente Glorieuses pouvait se contenter d'avoir ses grandes écoles pour former le cercle étroit de ses élites polyvalentes tout en laissant à ses universités la formation de ses cadres, une France de l'innovation a besoin d'universités ancrées dans la recherche, à la fois bien dotées et bien gouvernées. Nous reviendrons sur ce sujet au chapitre 5.

Le graphique 3.2, réalisé sur la base de comparaisons entre États américains, montre cet effet. On y remarque que plus un État américain est proche de la frontière technologique, et plus l'investissement en troisième cycle universitaire stimule la croissance de la productivité dans cet État (c'est le cas de la Californie ou du Massachusetts). En revanche, plus un État est loin derrière la frontière technologique (Mississippi, Alabama), et plus c'est le premier cycle universitaire (avec l'école et le collège) qui stimule la croissance de la productivité dans cet État.

Graphique 3.2. Les effets sur la croissance de long terme d'un surcroît permanent d'investissement dans l'éducation aux États-Unis de 1 000 dollars par personne des cohortes d'âge correspondantes

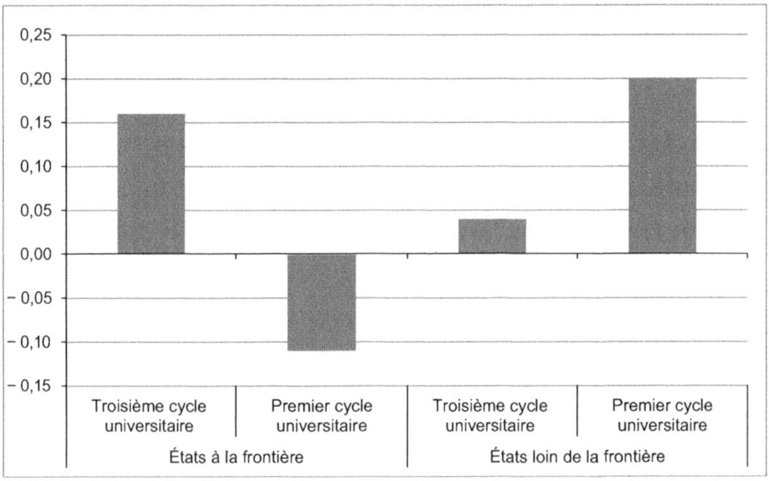

Source : Aghion, Boustan, Hoxby et Vandenbussche (2005)[3].

Un défi majeur pour la France aujourd'hui est de pouvoir mobiliser ces trois leviers – concurrence, mobilité sur le marché du travail et économie du savoir –, tout en réduisant ses déficits et sa dette publics. En outre, il faut viser une croissance « inclusive », c'est-à-dire une croissance qui ne laisse personne sur le bord de la route. C'est ce triple objectif, à savoir la croissance, la réduction des déficits et l'équité, qui guide toute notre approche dans ce livre.

Que peut espérer la France en termes de croissance de sa productivité en mobilisant ces trois leviers ? Nous avons chiffré les gains en croissance potentielle découlant d'un alignement des politiques de libéralisation du marché des biens et du marché du travail ainsi que de l'investissement en éducation supérieure, sur les meilleures pratiques au sein de l'OCDE[4]. L'investissement en éducation supérieure est mesuré par la proportion des 25-64 ans ayant obtenu un diplôme du supérieur. La libéralisation sur le marché des biens est mesurée par un indice de l'OCDE quantifiant la libéralisation du marché. Enfin, la libéralisation du marché du travail est inversement mesurée par un indice de l'OCDE quantifiant la protection de l'emploi.

Les résultats sont que les effets de convergence pour la régulation du marché des biens et du travail génèrent une croissance de 0,3 et de 0,4 % sur le court-moyen terme, alors que ceux pour l'éducation supérieure induisent un gain de croissance plus faible sur le court terme mais qui pourraient atteindre un quart de point sur les dix prochaines années. Mis ensemble, c'est 0,75 à 1 point entier de croissance qui peut être dégagé en s'alignant sur les meilleures pratiques au sein de l'OCDE.

Plus précisément, en utilisant la même méthodologie et les mêmes indicateurs, mais à l'aide de données actualisées, nous obtenons le tableau 3.1.

Ce tableau nous enseigne notamment qu'en s'alignant sur le niveau de flexibilité des marchés des biens et du travail du Royaume-Uni, la France gagnerait 0,44 point de croissance par an. De même, en s'alignant sur le niveau d'investissement de la Finlande en éducation supérieure, elle gagnerait 0,52 point de croissance. Nous restons donc dans les mêmes ordres de grandeur au total que plus haut, avec environ un point de croissance annuelle de la productivité qui peut être obtenu en adaptant les marchés des biens et du travail et en harmonisant le système éducatif supérieur avec celui de nos voisins les plus performants selon les indices OCDE.

Tableau 3.1. Gains en croissance de la productivité (TFP) de la France obtenus par un alignement avec différents pays (en points de pourcentage)

En termes de / Alignement sur	Régulation sur le marché du travail	Régulation sur le marché des biens	Régulation sur le marché des biens et du travail	éducation supérieure
Allemagne	– 0,03	0,05	0,03	0,10
Australie	0,23	0,06	0,27	0,08
Danemark	0,11	0,16	0,25	0,02
États-Unis	0,47	0,22	0,51	0,48
Finlande	0,05	0,11	0,15	0,15
Pays-Bas	– 0,05	0,19	0,17	0,05
Royaume-Uni	0,33	0,24	0,44	0,04
Suède	0,02	0,06	0,08	0,12

Mise à jour de Aghion et al. *(2009).*

Pour une croissance inclusive

Les processus de réforme sont parfois présentés, quels que soient leurs contenus, comme idéologiquement de droite ou libéraux, car remettant en cause certains avantages spécifiques que certains veulent *a priori* et toujours considérer comme des *avantages acquis*, des avancées qui doivent non seulement être conservées mais même généralisées. Cette approche est profondément erronée à divers titres.

Reprenons la typologie proposée par André Sapir[5] concernant les modèles sociaux, distinguant les différents pays sur les deux axes de l'efficacité économique et de l'équité (*cf.* tableau 3.2). Les pays nordiques apparaissent comme associant une forte efficacité économique dont témoignent leurs performances, en particulier durant la crise, et une forte équité qu'attestent tous les indicateurs d'inégalités. À l'opposé, les pays méditerranéens associent sur les mêmes critères à la fois une faible efficacité et une faible équité. Enfin, les deux autres groupes de pays connaissent des situations mixtes : faible efficacité et forte équité pour les pays d'Europe centrale et à l'opposé forte efficacité et faible équité pour les pays anglo-saxons.

Dans cette représentation, la France se positionnerait entre les pays de l'Europe continentale et les pays méditerranéens. En effet, elle associe à la fois une faible efficacité économique, caractérisée par de multiples indicateurs négatifs de croissance, de compétitivité, d'emploi, de déficits… (*cf.* chapitre 1) à une fausse équité, autrement dit un égalitarisme idéologique de façade qui va de pair avec de profondes inégalités de fait en particulier concernant les trajectoires individuelles et la mobilité sociale, comme cela a été commenté au chapitre 2.

Tableau 3.2. Une typologie des pays européens

		Efficacité économique	
		Faible	**Élevée**
Équité	**Élevée**	Pays continentaux	Pays nordiques
	Faible	Pays méditerranéens	Pays anglo-saxons

Source : Sapir (2006).

Dans cette typologie, l'orientation des réformes ici proposées vise à détacher la France de sa situation actuelle pour la rapprocher des pays dont les modèles sociaux associent à la fois une efficacité économique élevée et une forte équité. Bien sûr, cette logique de réformes implique la disparition de certaines rentes, d'avantages spécifiques, dont peuvent actuellement bénéficier des groupes particuliers. Mais à cela, il faut immédiatement ajouter plusieurs considérations : 1) ce processus de réforme ne se limite pas à la disparition de certains avantages, il correspond aussi à la diminution de divers blocages économiques dont les effets sont préjudiciables en termes d'efficacité et sans pertinence réelle du point de vue des protections ; 2) les quelques avantages qui disparaissent ne sont pas généralisables et ils contribuent donc structurellement à des situations inéquitables qui nourrissent le sentiment d'inégalités et d'injustices économiques et sociales dans une grande partie de la population ; 3) les avantages concernés sont facteurs de perte d'efficacité économique, dont pâtit aussi la population, ce qui contribue également au sentiment d'inégalités et d'injustices ; 4) la disparition de ces avantages et la réduction des blocages sont simultanées, et aboutissent par leurs gains d'efficacité à une amélioration de la situation économique dont bénéficie l'ensemble de la population ; 5) les protections sociales sont, par ce processus de réforme, rendues à la fois soutenables mais aussi plus protectrices. On verra par exemple plus loin que les protections actuelles, et par exemple celles censées être apportées par la rigueur du Code du travail, ne sont pas nécessairement ressenties comme réellement protectrices par leurs supposés bénéficiaires.

Dans tous les domaines abordés, les stratégies de réformes peuvent être d'inspiration libérale ou s'inscrire au contraire dans une logique sociale et protectrice de fait. Celles qui vont être évoquées ici correspondent à la seconde logique : elles renforcent à la fois l'efficacité économique et l'équité véritable ainsi que les protections effectives. Prenons trois exemples pour illustrer cela.

– L'inefficacité économique du *droit social français* actuel, induite par sa complexité et sa rigidité, amène parfois à en préconiser seulement l'extrême simplification, et donc l'affaiblissement de son rôle protecteur. Cette approche libérale qui ne s'intéresse qu'à l'efficacité économique n'est pas celle retenue ici. Nous préconisons plutôt de mettre les partenaires économiques au centre du processus de réforme du droit social, d'en faire les acteurs principaux. Il existe dans notre pays une majorité de salariés d'accord pour emprunter la voie de la réforme négociée, contrairement au radicalisme des discours et des postures. La publication des résultats des élections professionnelles au niveau interprofessionnel, en mai 2013, suggère que cette voie est pertinente (*cf.* tableau 3.3). Côté salariés, il apparaît que les signataires de l'accord national interprofessionnel (ANI) du 11 janvier 2013 représentent, en termes de mesure d'audience, plus de 50 % des salariés.

– *La protection sociale* est souvent présentée en France, du fait de ses difficultés de financement persistantes, comme insoutenable sur le moyen et long terme. Ce constat amène parfois à en préconiser le démantèlement partiel. La voie de réforme ici proposée vise au contraire à en renforcer la fonction protectrice pour les populations les plus défavorisées et à en adapter les particularismes les moins performants en

Tableau 3.3. Mesure de l'audience des syndicats au niveau national en 2013. Résultats des élections professionnelles qui se sont déroulées du 1er janvier 2009 au 31 décembre 2012 (en %)

	Résultats de l'ensemble des suffrages exprimés	Mesure d'audience parmi les syndicats représentatifs
CGT	26,77	30,63
CFDT	26,00	29,71
CGT-FO	15,94	18,28
CFE-CGC	9,43	10,76
CFTC	9,30	10,62
Autres	12,56	–
Total	100,00	100,00

Source : arrêté ministre du Travail du 30 mai 2013.

termes tant d'efficacité que d'équité. La réforme de la santé illustre bien cette dimension : la recherche d'une plus grande maîtrise des dépenses y va de pair avec le renforcement de la prise en charge pour un socle de soins considérés comme essentiels.

– *La lutte contre la pauvreté* est engagée en France par des politiques variées dont certaines ont un effet contraire à l'objectif déclaré. Il en est par exemple ainsi du salaire minimum, dont l'inefficacité en termes de lutte contre la pauvreté et les effets préjudiciables sur l'emploi amènent le déploiement d'autres politiques coûteuses qui diminuent les ressources pour lutter véritablement contre la pauvreté. Ce constat amène certains à préconiser simplement le démantèlement du Smic. Les orientations ici préconisées sont en opposition totale avec une telle logique libérale. Elles visent à renforcer la lutte contre la pauvreté en développant les outils efficaces pour cet objectif, comme un doublement du budget du RSA, tout en affirmant le Smic comme un moyen de renforcer le pouvoir de négociation salariale des personnes pour qui ce pouvoir est spécifiquement bas (voir notre discussion au chapitre 2).

Les principales orientations de la stratégie de réformes préconisée

La stratégie préconisée comporte trois grands volets. Chacun de ces volets fait l'objet d'un chapitre.

La réforme de l'État pour consolider nos finances publiques (chapitre 4)

L'expérience actuelle montre bien les limites d'une politique de réduction des déficits essentiellement basée sur le choc fiscal. Il faut au contraire prendre exemple sur des pays comme le Canada, l'Australie ou la Suède, qui ont su remettre à plat leurs missions publiques de façon à réduire substantiellement leurs déficits et leur dette sans pour autant remettre en cause ni leur modèle social ni l'investissement dans les secteurs porteurs de croissance.

Les réformes structurelles (chapitre 5)

Des marchés de biens plus concurrentiels, un marché du travail plus dynamique, un système éducatif et de formation professionnelle qui permette de stimuler la mobilité sociale et professionnelle afin de relancer la croissance en réduisant les inégalités ; enfin, un système plus efficace de lutte contre la pauvreté. En particulier, la France souffre de son système éducatif divisé entre universités et grandes écoles, sans réelles passerelles ni véritable seconde chance, et d'un système de formation professionnelle déficient et qui ne permet pas aux travailleurs de rebondir d'un emploi à un autre ou d'un secteur à un autre. S'attaquer à ces rigidités doit permettre de stimuler la croissance tout en attaquant les inégalités à la racine.

La réforme fiscale (chapitre 6)

Converger vers un système fiscal qui soit à la fois simple, juste et incitatif. Les pays scandinaves et rhénans mettent déjà en œuvre de tels systèmes. Nous proposons une stratégie de convergence fiscale vers un système semblable à ceux en vigueur dans ces pays.

Enfin, au chapitre 7, nous procéderons à un exercice de simulation pour évaluer les gains macroéconomiques (gains de croissance, réduction de déficits et réduction du chômage) qui peuvent être attendus d'une mise en œuvre coordonnée de ces trois groupes de réformes.

CHAPITRE 4

L'indispensable réforme de l'État[1]

La chronique du « recentrage de l'État », du « millefeuille territorial » ou des « plans de réforme de la Sécurité sociale » nourrit, depuis des décennies, les rapports de la Cour des comptes, les rapports parlementaires ou ceux de l'Inspection des finances. Loi après loi, le dispositif institutionnel s'est complexifié et l'inventivité réglementaire et fiscale touche aux limites de la compréhension et donc de l'acceptation des citoyens. Les réformes, faites en temps de crise, sur la base d'hypothèses de croissance irréalistes, ont échoué. La crise des finances publiques, l'attachement des Français à leur modèle de protection sociale et la montée des oppositions à la multiplication des prélèvements ouvrent une nouvelle perspective à la réforme, d'autant que d'autres pays dans les mêmes circonstances sont parvenus à modifier substantiellement leurs institutions administratives et sociales.

Pourquoi réformer l'État ?

La France doit réduire son déficit et sa dette publics. Pas seulement pour respecter ses engagements européens, mais surtout parce que cela permettra à l'État de jouer pleinement son rôle de catalyseur dans une économie où la croissance est tirée par l'innovation, et ce pour au moins deux raisons.

Tout d'abord, l'État doit pouvoir investir dans les domaines ou secteurs porteurs de croissance, et en même temps limiter la pression fiscale de manière à ne pas décourager les talents et l'innovation. Une diminution des dépenses publiques donne de l'oxygène au gouvernement pour poursuivre ces deux objectifs en parallèle.

La seconde raison, corroborée par des études économétriques récentes ainsi que par l'expérience de pays qui ont suivi cette voie, est qu'une réduction des déficits et de la dette publics permet plus facilement à l'État de mener une politique budgétaire « contracyclique » : autrement dit, une politique où l'État s'endette plus pendant les récessions pour ensuite réduire son déficit dans les périodes d'expansion. En effet, plus la dette publique est faible, plus l'État peut emprunter – et dans des conditions plus avantageuses en termes de taux d'intérêt – en périodes de récession. En retour, ce surcroît de flexibilité permet à l'État de soutenir à la fois la demande des ménages et l'investissement innovant des entreprises tout au long du cycle économique. En l'absence d'un tel soutien de l'État, les entreprises qui font face à des contraintes de crédit, et en premier lieu les petites et moyennes entreprises, sont typiquement obligées de tailler dans leurs dépenses en recherche et développement ou en équipements innovants en période de récession. Au total, cela se traduit par moins d'innovation et donc une moindre croissance de la productivité.

Or un rapport récent de l'Inspection générale des finances intitulé *Maîtriser les dépenses de l'État*[2] établit un diagnostic sans appel sur l'état de nos finances publiques et surtout sur notre système de dépenses publiques.

Il y est écrit notamment que : « Depuis 1974, les dépenses publiques excèdent les recettes de 3 à 15 %. Sur 100 euros prélevés sur les ménages et les entreprises, 110 euros sont dépensés[3]. »

Par ailleurs, la dette publique française s'élève à plus de 1 700 milliards d'euros, ce qui représente plus de 90 % de notre PIB, et ce montant continue d'augmenter d'une année sur l'autre. De plus, comme l'explique Agnès Verdier-Molinié qui cite ce rapport dans son ouvrage[4], la France a un coût de production des services publics qui s'élève à 27,7 % de son PIB, contre 25 % en moyenne dans l'Union européenne. Cette différence de 2,7 points de PIB représente près de 60 milliards d'euros. Enfin, l'Allemagne, bien qu'ayant une population supérieure à la nôtre, dispose d'un emploi public inférieur de 1,2 million par rapport au nôtre. Autre exemple, la France compte 120 000 agents fiscaux contre 62 000 en Grande-Bretagne. Et tandis que l'emploi public baisse chez nos voisins d'Europe du Nord et dans les pays rhénans grâce à l'informatisation des services, chez nous, entre 2000 et 2010, les effectifs publics sont restés stables aux alentours de 2,4 millions d'agents.

Pourquoi le service public coûte-t-il tellement plus cher en France que dans d'autres pays développés, à résultats équivalents ? La ou plutôt les réponses s'appellent millefeuille territorial avec duplication entre les différents niveaux administratifs ; multiplicité géographique et sectorielle des caisses sociales ; multiplicité des régimes de retraite ; liberté de tarification et de prescription des médecins de ville ; absence de concurrence sur les médicaments ; recours excessif aux urgences hospitalières, etc.

Pourtant, pendant la période des Trente Glorieuses, la France est apparue comme un modèle à suivre en matière d'efficacité de l'État. En témoignait sa capacité à équiper le pays, à élever le niveau d'éducation ou à adapter le format de ses armées à ses ambitions stratégiques. L'invention institutionnelle avec les administrations de mission ou les guichets du Trésor, l'inventivité fiscale avec la TVA et même les dispositifs de concertation en matière économique et sociale ont fait merveille.

Maintenant qu'il s'agit de réformer l'État pour l'adapter aux nécessités d'une économie tournée vers l'innovation plutôt que la reconstruction et le rattrapage technologique, la France marque le pas.

Il y a deux méthodes pour maîtriser la dépense publique : il y a celle qui réussit et qui consiste à remettre à plat les missions publiques afin de fixer des priorités claires, des objectifs et des échéanciers. C'est celle suivie notamment par l'Australie, le Canada et la Suède, ainsi que nous l'expliquons plus loin. Et il y a la méthode fruste, celle que la France utilise trop souvent, à savoir celle du « coup de rabot ». Le « rabot » est plus facile à mettre en œuvre car il respecte le principe d'égalité dans la répartition des efforts, mais il ne permet pas à lui seul de réaliser des économies de dépenses suffisantes pour réduire nos déficits et notre dette publics tout en évitant la surtaxation.

Pour trancher entre les domaines où l'on fait des coupes et ceux où l'on investit, il faut un mandat politique clair et assumé au plus haut niveau. C'est l'autre enseignement des expériences australienne, canadienne et suédoise. En effet, c'est au politique qu'il revient de fixer le cadre et les objectifs d'une politique publique ainsi que ses effets redistributifs.

La manière dont l'État français a réussi à réduire le format des armées peut avoir valeur d'exemple pour d'autres secteurs. En effet, l'efficacité avec laquelle les réformes successives ont été conduites (fin de la conscription et passage à l'armée de métier, évolution du format et montée des équipements) ne tient pas seulement à l'obéissance des militaires, mais aussi à la capacité de l'État à fixer des objectifs clairs aux armées en matière de capacité de projection (le « contrat opérationnel »), à déterminer un cadrage financier pluriannuel (la loi de programmation militaire) et à mobiliser le potentiel de recettes annexes pour compléter les moyens budgétaires traditionnels (ventes d'immeubles, recettes de privatisation...).

D'autres l'ont fait : les expériences australienne, canadienne et suédoise[5]

Trois pays développés, l'Australie, le Canada et la Suède, ont réussi à réformer en profondeur la structure et la gouvernance de leurs dépenses publiques. Cela a permis à ces pays de réduire sensiblement leurs déficits et leurs dettes publics sans recourir à une ponction fiscale excessive et sans remettre en cause ni le modèle social, ni l'emploi et le potentiel de croissance à moyen et long terme.

Par-delà les différences culturelles, politiques, ethniques (la Suède est plus homogène que le Canada) ou simplement géographiques (la Suède est un très petit pays par rapport à l'Australie et au Canada), des facteurs communs expliquent pourquoi la réforme de l'État a été menée à bien dans ces trois pays. Tout d'abord, dans chaque cas, une crise a agi comme un catalyseur des réformes en déclenchant l'arrivée d'un nouveau gouvernement. Ensuite, une volonté commune de remettre à plat les missions publiques plutôt que de se contenter d'une politique du rabot s'est affirmée, ainsi qu'une même détermination à mettre en place des règles strictes de gouvernance de la dépense publique à plus long terme.

La crise comme catalyseur

Le tableau ci-après montre qu'une forte détérioration de la situation économique et une forte augmentation de la dette publique ont chaque fois précédé la mise en œuvre de la réforme de l'État. Cette crise peut être de nature globale (ralentissement économique mondial comme pour l'Australie en 1984) ou plus locale et spécifique au pays (détérioration importante des finances publiques qui se traduit par une augmentation des déficits et une inflation élevée comme au Canada en 1993). Les situations dans lesquelles les réformes ont été engagées dans ces trois pays sont résumées dans le tableau 4.1.

Tableau 4.1. Situations dans lesquelles les réformes ont été engagées en Australie, au Canada et en Suède

Épisodes de consolidation fiscale	Australie 1984-1988	Australie 1994-1998	Canada 1993-1997	Suède 1981-1987	Suède 1994-1997
Causé par une crise globale	oui	oui	non	non	oui
Durée entre la crise et le début des réformes	2 ans	4 ans	–	–	4 ans
Récession ?	faible (< 1 %)	faible (< 1 %)	oui	non	importante
Augmentation du taux de chômage ?	importante (+ 4,5 pts)	importante (+ 4 pts)	importante (+ 4 pts)	faible (< 2 pts)	très importante (+ 9 pts)
Augmentation du ratio dette/PIB ?	oui (+ 20 pts)	oui (+ 30 pts)	oui (+ 30 pts)	oui (+ 40 pts)	oui (+ 40 pts)
Autre cause ?	Sécheresse	Politique monétaire	Apprécia-tion de la monnaie	Taux d'inflation élevé, déficit important	Bulle immobi-lière, crise bancaire

Source : OCDE.

Ainsi, l'Australie enregistre entre 1982 et 1983 quatre trimestres consécutifs de baisse du PIB réel ; le taux de chômage passe de 5,5 à 9,9 % entre 1981 et 1983 et la dette publique augmente de 20 points de PIB entre 1981 et 1984 (de 48 à 68 % du PIB). En 1991, l'Australie enregistre à nouveau une contraction du PIB de 0,9 %, tandis que le taux de chômage passe de 7 à 11 % entre 1990 et 1993 et la dette publique de 30 % du PIB en 1991 augmente jusqu'à atteindre 60 % en 1995.

Au Canada, le PIB se contracte entre 1990 et 1991, le taux de chômage augmente significativement, passant de 7,5 % en 1989 à 11,4 % en 1993 et la dette publique de 100 % du PIB en 1990 à 130 % en 1996.

En Suède, la dette publique augmente significativement au début des années 1980, de 22 % du PIB en 1977 à 65 % du PIB en 1985. Et surtout, la Suède traverse une grave crise bancaire au début des années 1990, liée à l'éclatement de la bulle immobilière à la fin des années 1980. Le PIB se contracte pendant trois années consécutives (de 1991 à 1993) avec des taux atteignant – 2 % par an. Le taux de chômage explose, passant de 2 % en 1990 à 11 % en 1993. Enfin, la dette publique augmente de 42 % du PIB en 1990 à 84 % du PIB en 1996.

Dans tous les cas, nous constatons que les épisodes de consolidations fiscales sont déclenchés par une augmentation brutale du chômage et de la dette et une contraction du PIB. Comme nous allons le voir, les mesures prises sont à la hauteur de la détérioration des finances publiques.

Réduction des dépenses ou augmentation des recettes ?

Le tableau ci-après montre que l'Australie, le Canada et la Suède ont en commun d'avoir fait reposer l'essentiel de la consolidation budgétaire sur la baisse des dépenses publiques plutôt que sur l'augmentation des impôts. Par contraste, la France a procédé en 2012 à un choc fiscal d'une ampleur inégalée tandis qu'il n'y a eu pratiquement aucune réduction dans les dépenses publiques. Et, en 2013, près de 80 % de l'effort de réduction de notre déficit public est passé par de nouvelles augmentations d'impôts :

autrement dit, seulement 20 % de réduction des déficits sont dus à des baisses de dépenses. Le tableau 4.2 ci-dessous résume les stratégies de consolidation des finances publiques en Australie, au Canada et en Suède.

C'est ainsi qu'en Australie le gouvernement s'engage en 1984 à ne pas augmenter les impôts. Au total, entre 1984 et 1988, l'Australie enregistre donc 4,3 % du PIB en réduction de dépenses et 0,6 % du PIB en augmentation d'impôts*.

Tableau 4.2. Stratégies de consolidation des finances publiques en Australie, au Canada et en Suède

Épisodes de consolidation fiscale	Australie 1984-1988	Australie 1994-1998	Canada 1993-1997	Suède 1981-1987	Suède 1991-1997
Augmentation des taxes	faible	oui	faible	faible	oui et non
Diminution des dépenses	oui	oui	oui	faible	oui
Montant total des coupes budgétaires	4,3 % du PIB de 1984	3,1 % du PIB de 1994	9,2 % du PIB de 1993	0,68 % du PIB de 1984	12,5 % du PIB de 1991
Montant total des augmentations de taxes	0,3 % du PIB de 1984	3,0 % du PIB de 1994	0,9 % du PIB de 1993	0,21 % du PIB de 1984	– 1,4 % du PIB de 1991
Ratio	14	1	10,2	3,2	– 9

Source : OCDE.

* Plus tard, l'Australie s'engagera dans un second round de consolidation fiscale et budgétaire, qui l'amènera à réduire ses dépenses de 3,1 % entre 1994 et 1998, mais à augmenter ses impôts de 3,0 % (essentiellement à travers une augmentation de la TVA).

Quant au Canada, il réduit ses dépenses publiques de 9,2 % du PIB entre 1993 et 1998 alors que pendant cette même période les prélèvements obligatoires n'augmentent que de 0,9 % du PIB. On retrouve bien la volonté du gouvernement de ne pas agir sur les prélèvements fiscaux mais plutôt sur les dépenses publiques.

Enfin, en Suède, des mesures de consolidation sont entreprises entre 1991 et 1993 avec notamment une réduction des dépenses de 1,4 % du PIB en 1993. Au même moment, les recettes fiscales diminuent fortement avec une baisse très nette de l'impôt sur le revenu. Néanmoins, les effets ont été négligeables sur l'équilibre des comptes à cause des effets de la crise. Les augmentations d'impôts qui ont suivi (entre 1994 et 1997) sont surtout dues à une augmentation importante de la TVA sur les biens et services en 1995, elle-même compensée par une baisse de l'impôt sur le revenu. Au total, la Suède enregistre une réduction des dépenses publiques d'environ 10 % du PIB entre 1991 et 1997, tandis que les recettes fiscales totales passent de 52,3 % du PIB en 1990 à 50,5 % du PIB en 1997.

Le contenu de la consolidation

Le tableau 4.3 montre que dans les trois pays la charge salariale du gouvernement et les transferts sociaux ont été radicalement réduits.

Tableau 4.3. Évolution de certains postes de dépenses publiques durant les périodes de consolidation fiscale en Australie, au Canada et en Suède

Épisodes de consolidation fiscale	Australie 1984-1988	Australie 1994-1998	Canada 1993-1997	Suède 1994-1997
Charge salariale du gouvernement	de 13,06 à 11,09	de 11,34 à 10,07	de 15,5 à 12,25	de 18,18 à 16,39
Allocations sociales	de 7,63 à 6,41	de 8,49 à 7,64	de 13,29 à 11,38	de 22,22 à 18,48
Transferts aux gouvernements locaux	–	–	de 8,90 à 6,30	de 6,38 à 4,32
Subventions	de 1,71 à 1,36	de 1,46 à 1,19	de 1,76 à 1,06	de 4,39 à 2,64

Source : OCDE.

Les chiffres ci-dessus sont donnés en % du PIB ; le premier chiffre correspond à l'année précédant la consolidation et le second à celle de la fin de la consolidation (exemple pour Canada : 1992 et 1997).

Ainsi, le Canada met en place en 1993 une nouvelle structure budgétaire avec des coupes drastiques dans certains secteurs de l'État. Entre 1993 et 2000, les dépenses en services publics généraux passent de 13,4 à 9,9 % du PIB, les dépenses de défense passent de 1,6 à 1,1 % du PIB, les dépenses de santé de 6,7 à 5,9 % du PIB et les dépenses au titre de la protection sociale de 12,0 à 9,5 % du PIB. En outre, le nombre de fonctionnaires passe de 250 000 en 1993 à 200 000 en 1998. Enfin, le Canada s'engage à ne pas dépasser le niveau de dépenses publiques qui était celui de 1991 pendant les cinq années qui suivent.

En Suède, l'effort a principalement porté sur la protection sociale (réduction des allocations familiales et des allocations chômage). Par ailleurs, la dépense publique est maîtrisée grâce à un gel des transferts du gouvernement central aux collectivités locales et à une interdiction d'emprunter pour les gouvernements locaux. Les dépenses sont plafonnées pour plusieurs années dès 1994. Enfin, le nombre de fonctionnaires diminue considérablement puisqu'il passe de 400 000 en 1993 à 250 000 en 2000 (les contrats de fonctionnaires se transforment en contrats privés dans presque tous les secteurs). C'est ainsi qu'entre 1993 et 2000, les dépenses de santé passent de 6,7 à 5,9 % du PIB, les dépenses d'éducation de 9,4 à 7,3 % du PIB, les dépenses pour le logement et les services communautaires de 2,8 à 0,9 % et les dépenses au titre de la protection sociale de 26,6 à 23,2 % du PIB.

Une autre gouvernance

Les épisodes de consolidation décrits plus haut se sont également accompagnés d'une modernisation de la façon dont l'État gère son budget et ses responsabilités vis-à-vis du déficit.

Pour garantir la pérennité de la consolidation budgétaire en Australie est mis en place, en 1998, le *Charter of Budget Honesty Act*. Cette charte engage tout gouvernement à faire uniquement des choix budgétaires responsables vis-à-vis des générations futures (et donc de la dette et des risques financiers). En pratique, chaque année, le gouvernement prévoit un budget avec objectifs et cibles sur les trois années suivantes et doit mettre en avant l'adéquation de ce budget avec les principes de la charte.

Le Canada, quant à lui, lance en 1994 l'Examen des programmes dans le budget dont le but est d'établir le budget par ministère et organisme, et donc également les coupes budgétaires à réaliser. Chaque projet est placé sous le contrôle du secrétariat de l'Examen des programmes qui vérifie que les points suivants sont validés :

– Le programme sert-il l'intérêt public ?

– S'agit-il d'un rôle incombant à l'État ?

– Le programme pourrait-il être exécuté plus efficacement par un autre palier de gouvernement – provincial ? municipal ?

– Le programme pourrait-il être confié au secteur privé ou à des organismes bénévoles ?

– Le programme pourrait-il être exécuté de manière plus efficiente ?

– Son coût est-il abordable ?

Et le Premier ministre, qui coordonne la restructuration des dépenses publiques, est entouré d'experts ayant précédemment travaillé dans les cabinets des différents ministères et qui par conséquent disposent des éléments nécessaires pour pouvoir questionner les ministres sur l'utilité de telle ou telle dépense.

L'Australie et le Canada ont donc recours à des règles de moyen et long terme en faisant notamment valoir le principe de responsabilité pour les générations futures.

De même, dans les années 1990, la Suède revoit complètement l'élaboration de son budget, qui s'articule par la suite autour de trois phases :

– Un cadrage budgétaire pluriannuel.

– Une réunion budgétaire au Conseil des ministres.

– Chaque ministre est ensuite son propre ministre des finances.

Notons qu'en Suède il y a 500 chapitres budgétaires, 27 secteurs de dépenses et 13 ministres (un ministre gère plusieurs secteurs de dépenses). Par ailleurs, les collectivités locales sont obligées de présenter un budget équilibré ou de revenir à l'excédent dans le cas d'une année de déficit.

Le choix de décomposer ainsi l'économie a été fait dans les années 1990 avec la volonté de moderniser la mise en place du budget, qui se fait en trois phases. La première phase permet de fixer un cadre dans le temps qui sert de base aux budgets ultérieurs : durant celle-ci, le ministre des Finances procède à l'examen des secteurs les plus dépensiers. La deuxième phase permet de répartir les dotations entre les 27 secteurs et c'est cette liste qui est présentée au Parlement pour vote. Dans la dernière phase, chaque ministre prend à son compte la répartition de son budget alloué au sein de son secteur. Puis le détail est renvoyé au ministère des Finances qui exceptionnellement accorde une augmentation à tel ou tel secteur.

Qu'en est-il de la France ?

Comme d'autres pays qui ont entrepris une réforme profonde de leurs structures étatiques, la France a subi une récession à la suite de la crise mondiale de 2008-2009. Une nouvelle majorité a été élue en 2012 et a fait campagne sur la nécessité de réformer le pays.

Les variables macroéconomiques ont subi des dégradations d'une ampleur comparable à celles d'autres pays de l'OCDE. Toutefois, l'augmentation du chômage comme la récession sont sans commune mesure avec ce qui a pu s'observer en Suède dans les années 1990.

Le tableau 4.4 montre les efforts structurels engagés par le gouvernement actuel. On remarque d'une part que l'effort structurel global est très inférieur à ceux précédemment évoqués pour l'Australie, le Canada ou la Suède, d'autre part que le poids est surtout mis sur l'augmentation des impôts par contraste avec les trois pays précédemment étudiés.

Tableau 4.4. Effort de consolidation des finances publiques en France en 2012 et 2013 (en % du PIB)

	2012	2013	2014 (prévisions)
Solde public	– 4,8	– 4,1	– 3,6
Effort structurel	1,3	1,7	0,9
dont nouvelles recettes	1,2	1,5	0,2
dont réduction des dépenses	0,1	0,2	0,7

Source : loi de finance.

La réforme est payante !

Les réformes engagées en Australie, au Canada et en Suède ont été payantes à la fois sur le plan économique et sur le plan politique pour les gouvernements qui ont su les mener à bien.

Pour rendre compte des gains économiques des réformes de l'État dans ces trois pays, nous nous concentrerons sur trois indicateurs : le PIB par tête, le taux de chômage et la dette publique exprimée en pourcentage du PIB.

Dans tous les cas, nous observons des gains spectaculaires et rapides, d'autant plus marquants que les crises sont violentes, notamment en Suède. Les politiques de consolidation fiscale menées dans ces trois pays ont eu des effets durables sur les trois variables macroéconomiques que nous présentons ici, mais on pourrait également faire état des hausses de productivité, de consommation et d'investissement.

Pour le PIB par tête

Les graphiques 4.1 montrent l'évolution à la fois du niveau du PIB par tête (la courbe) et de sa croissance en pourcentage (les bâtons) pour l'Australie, le Canada et la Suède depuis 1970.

En particulier, on remarque chaque fois que les épisodes de consolidation conduisent à des succès rapides avec des rebonds à la fois amples et durables. L'Australie retrouve son niveau de PIB par habitant de 1981 dès 1984 et son niveau de 1990 en 1993 ; le Canada retrouve son niveau de 1989 en 1994 ; enfin, la Suède retrouve son niveau de 1990 en 1996.

Graphiques 4.1. Croissance (en %) et niveau du PIB par habitant en US $ 2005 en Australie, au Canada et en Suède

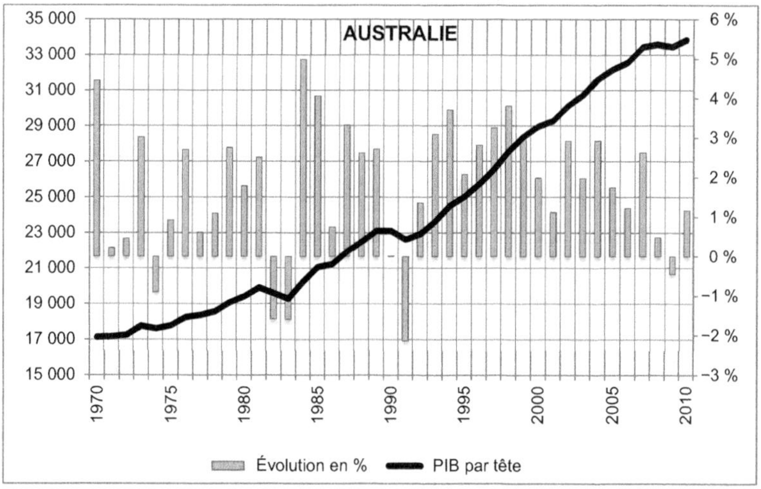

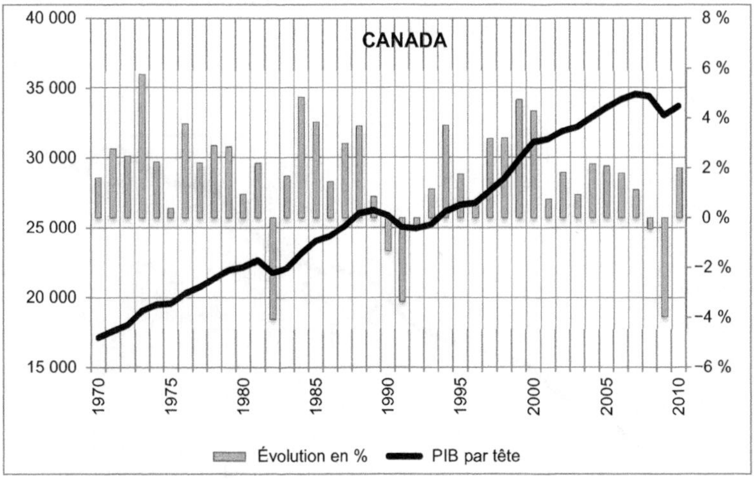

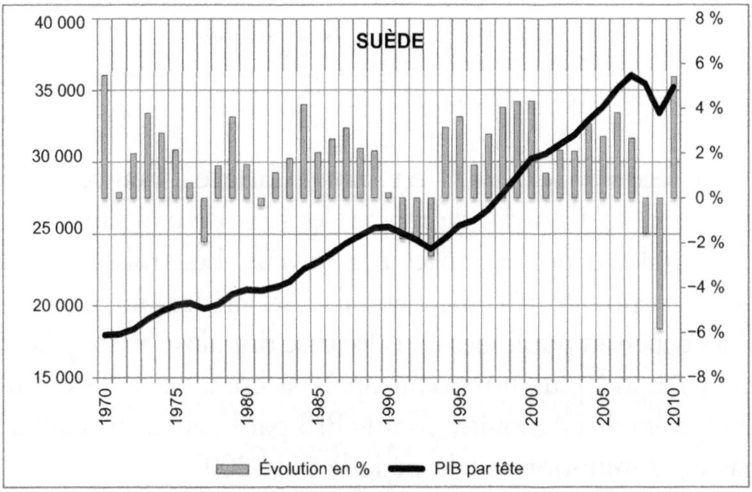

Source : Bergeaud, Cette et Lecat (2014).

À titre de comparaison le graphique 4.2 fournit ces mêmes données en France.

Graphique 4.2. Croissance (en %) et niveau du PIB par habitant en France

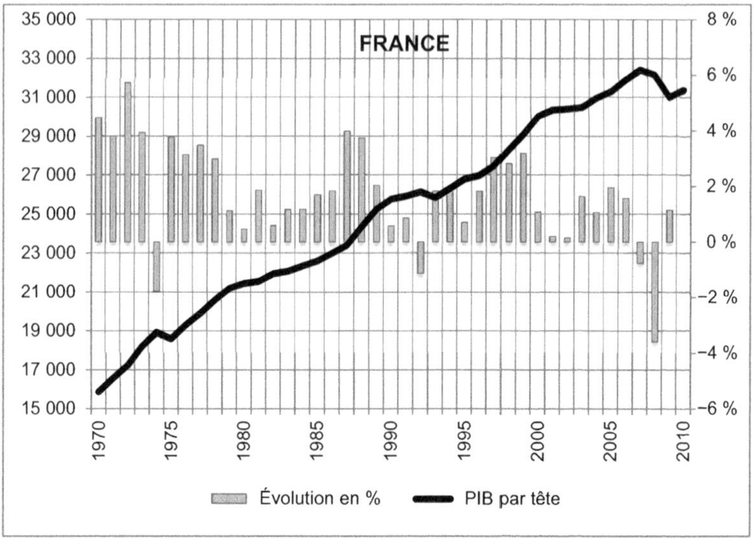

Source : Bergeaud, Cette et Lecat (2014).

La récession de 2009 est moins forte en France qu'en Suède ou au Canada, de même, les taux de croissance sont plus faibles dans les années qui suivent. Les trois pays qui ont entrepris de réformer leur fiscalité et qui ont diminué leurs dépenses publiques dans le passé ont ainsi pu bénéficier d'un rebond plus important après la crise. Le cas extrême étant celui de l'Australie, dont le PIB par habitant ne connaît pas de diminution sur la période post-2007.

Pour le taux de chômage

À nouveau, il est facile d'identifier les périodes de crise et de consolidation fiscale par des hausses suivies de baisses importantes du taux de chômage. Ainsi, l'Australie connaît deux pics, respectivement en 1983 et 1993, qui ont marqué le début des deux épisodes de consolidation fiscale. Au Canada, après un premier pic dans les années 1980, le taux de chômage enregistre une nouvelle augmentation et culmine en 1993 à plus de 11 %. Mais l'exemple le plus spectaculaire est encore une fois celui de la Suède, qui passe d'un taux de chômage très bas (moins de 2 % en 1990) à près de 10 % en 1994 ! Chaque fois, le chômage commence à diminuer un ou deux ans après le début de la consolidation. Toutefois, cette baisse est importante et durable. Dans le cas du Canada et de l'Australie, le taux de chômage repasse même au-dessous de son niveau précrise et ne fait que diminuer jusque dans les années 2000. Pour la Suède, le niveau se stabilise autour de 6 %. Les graphiques qui suivent illustrent ces évolutions.

Graphiques 4.3. Taux de chômage en Australie, au Canada et en Suède (en %)

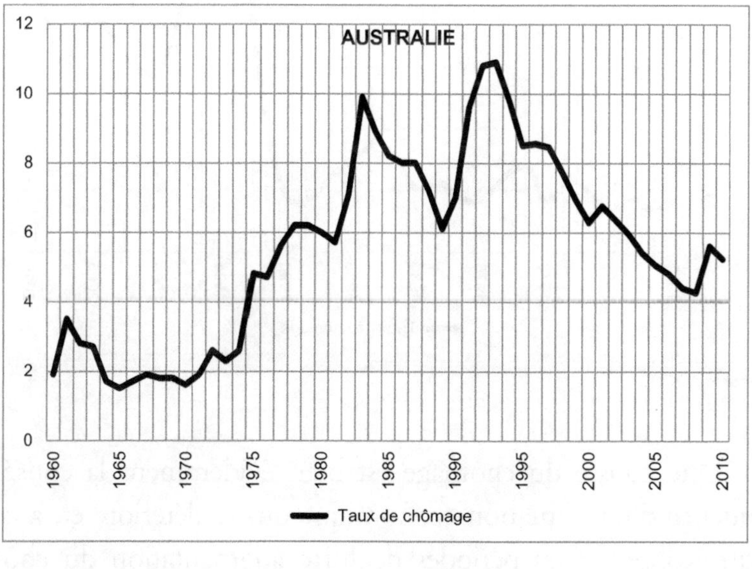

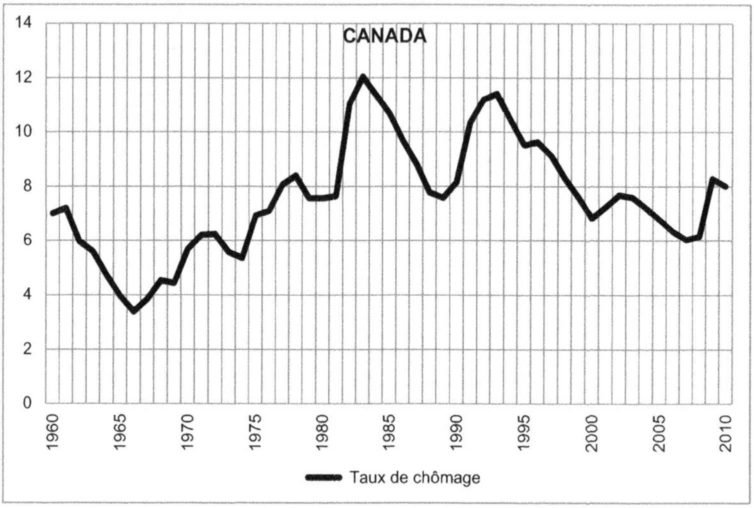

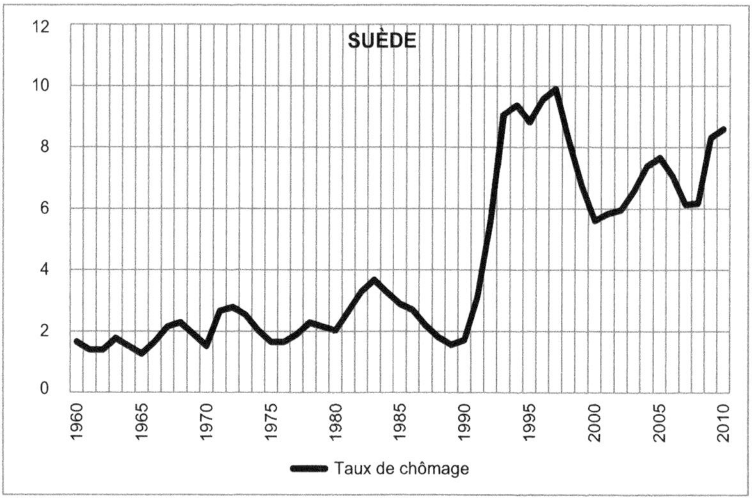

Source : OCDE.

Une hausse du chômage est bien évidemment la conséquence d'une situation économique qui se détériore et, à ce titre, observer les périodes de forte augmentation du chômage est un bon moyen de repérer les crises. Or on voit un

Graphique 4.4. Évolution du taux de chômage en France (en %)

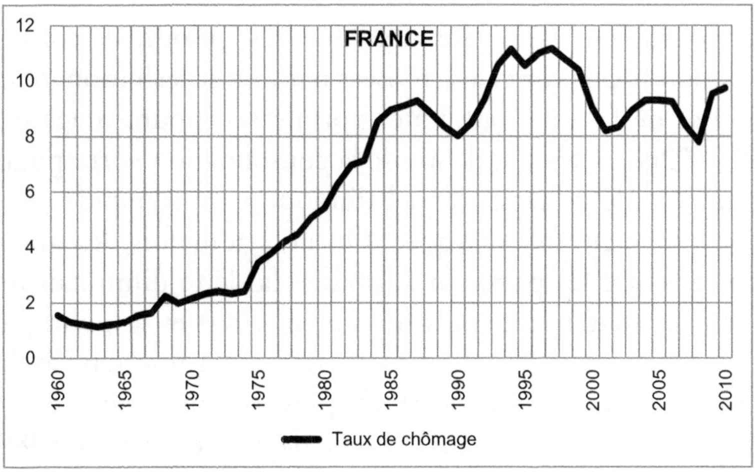

Source : OCDE.

chômage qui explose très rapidement avant les épisodes de consolidation fiscale et qui diminue ensuite plus lentement. Notons que l'impact des réformes sur l'emploi est très positif pour le Canada et l'Australie : le taux de chômage baisse en dessous de son niveau précrise et continue à baisser ensuite jusqu'à la crise de 2008.

Le graphique 4.4 ci-dessus montre l'évolution du taux de chômage en France depuis 1960.

Le chômage augmente sensiblement depuis l'année 2008 et cette hausse n'est nullement endiguée depuis 2012 en dépit des mesures qui ont été prises. La principale différence entre la France et les trois autres pays est que le taux de chômage y est toujours supérieur à 8 % depuis les années 1980 alors qu'en Suède, au Canada et surtout en Australie, il diminue de façon importante et continue depuis le milieu des années 1990.

Pour le ratio dette publique sur PIB

Toutes les crises ayant conduit à des épisodes de consolidation fiscale sont caractérisées par une accélération de la hausse de la dette publique exprimée en pourcentage du PIB. Chaque fois, le début de la consolidation correspond à un pic de ce ratio, lequel diminue ensuite rapidement et de manière très marquée. On note toutefois des différences entre les pays. En Australie, la dette diminuait de manière soutenue depuis les années 1960 et la politique de consolidation fiscale fut une réponse à une reprise de la hausse de la dette en 1982, puis à nouveau en 1991. Au Canada, la dette augmentait depuis les années 1980 de manière continue avec même une accélération très forte à partir de 1982, et c'est donc le niveau de la dette plus que sa tendance qui est à l'origine de la consolidation fiscale. Enfin, pour la Suède, on observe une dynamique en cloche du ratio dette sur PIB. Cela étant, par-delà ces différences, dans les trois pays, le niveau du ratio dette sur PIB diminue au bout de deux ou trois années de consolidation et cette tendance est confirmée sur le plus long terme. Dans le cas de la Suède, la baisse du ratio dette sur PIB est plus brutale (– 16 points entre 1998 et 2000), ce qui s'explique par la combinaison d'une politique fiscale de réduction des impôts et de l'importante diminution des dépenses publiques. Les graphiques suivants illustrent l'évolution de la dette publique exprimée en pourcentage du PIB en Australie, au Canada et en Suède.

Graphiques 4.5. Évolution de la dette publique exprimée en pourcentage du PIB en Australie, au Canada et en Suède

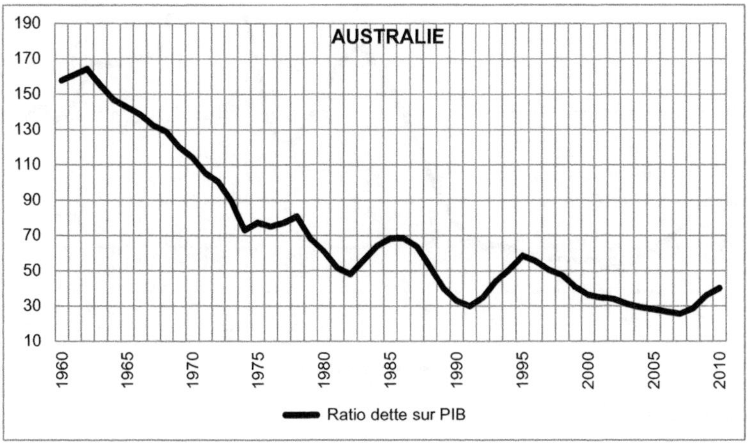

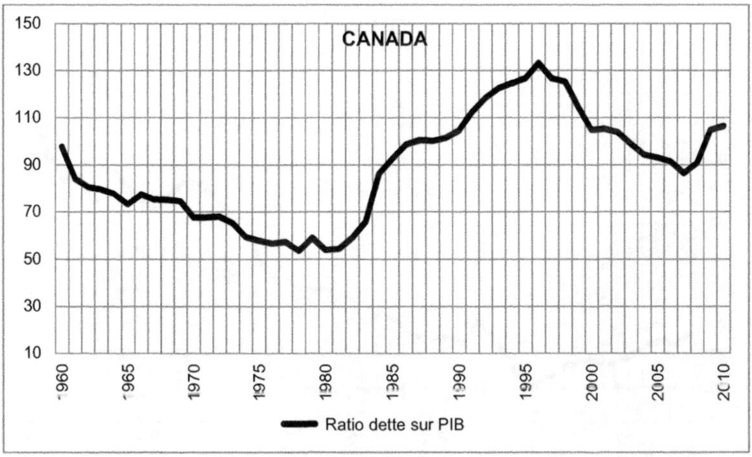

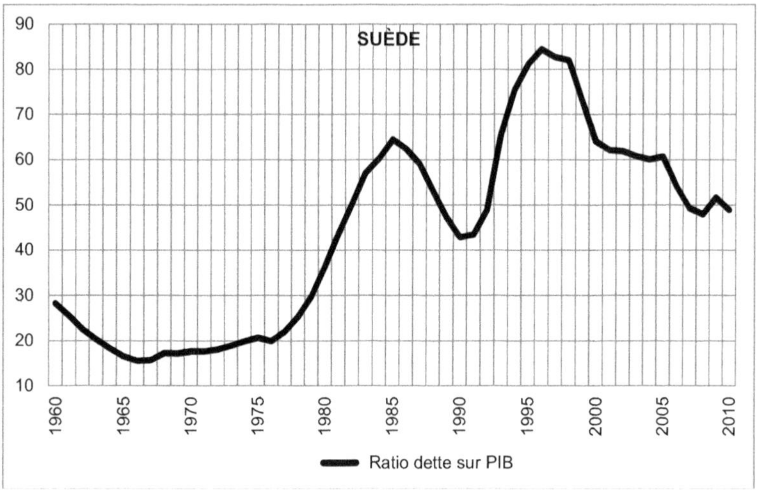

Source : OCDE.

Graphique 4.6. Évolution de la dette publique en pourcentage du PIB en France

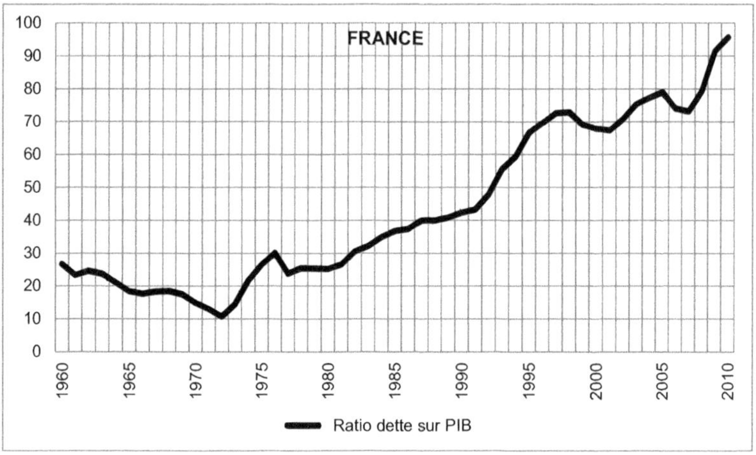

Source : OCDE.

À titre de comparaison, comme le montre le graphique 4.6, la dette publique augmente presque continûment en France depuis les années 1970 et atteint pas loin de 100 % du PIB aujourd'hui. On observe donc à la fois un taux historiquement haut et une accélération depuis la fin des années 2000.

Le comportement de ces trois variables macroéconomiques (PIB par tête, chômage et dette publique sur PIB) en France depuis 2008 est très semblable à ce qui s'observait dans les autres pays (Australie, Canada et Suède) avant qu'ils n'engagent leurs réformes de consolidation fiscale. Cela n'est guère étonnant : les mesures d'économie prises jusqu'ici en France demeurent cosmétiques par comparaison avec les remises à plat budgétaires réalisées au Canada, en Australie ou en Suède dans les années 1990.

La poursuite des réformes aide à la réélection

Quel impact a la consolidation fiscale sur le devenir du gouvernement qui l'a portée ? Cet impact électoral est résumé dans le tableau 4.5.

Tableau 4.5. Impact électoral du processus de réformes en Australie, au Canada et en Suède

Épisodes de consolidation fiscale	Australie 1984-1988	Australie 1994-1998	Canada 1993-1997	Suède 1994-1997
Nouveau gouvernement	oui	non	oui	oui
Gouvernement reconduit ?	oui	non	oui	oui
Gouvernement récemment élu	oui	non	oui	oui

En Australie, en décembre 1984, le parti travailliste l'emporte sur une coalition du parti nationaliste et du parti libéral pour arriver au pouvoir. Bob Hawke devient Premier ministre. Il fera campagne sur les réformes qu'il entreprendra après son arrivée au pouvoir. Il est réélu en 1987.

Plus tard, en 1994, le Labor Party qui avait initié les réformes de la décennie précédente est encore au pouvoir. Paul Keating, qui avait succédé à Hawke en décembre 1991 (il était jusqu'alors ministre des Finances), engage de nouvelles réformes reposant essentiellement sur une augmentation des taxes. Il est battu en 1996 par une coalition nationale-libérale menée par Howard qui poursuivra les réformes. Le parti reste au pouvoir jusqu'en 2007.

Au Canada, en 1993, le gouvernement libéral de Jean Chrétien arrive au pouvoir après une campagne au cours de laquelle l'accent a été marqué sur la promesse de réduire les dépenses de l'État afin de générer un surplus budgétaire. Le parti libéral restera au pouvoir jusqu'en 2006.

En Suède, en 1993, le parti social-démocrate poursuit les réformes engagées en 1991 par le gouvernement centre droit de Karl Bildt. Le parti social-démocrate restera au pouvoir jusqu'en 2006.

Le graphique 4.7 illustre, pour chacun des trois pays, l'évolution de sa productivité au cours du temps chaque fois qu'il y a alternance politique. En particulier, il fait apparaître que des réformes conduisant à une amélioration sensible et durable de la productivité ont également produit des gains politiques : en effet les partis qui ont mis ces réformes en œuvre avec succès sont demeurés plus longtemps au pouvoir.

Graphiques 4.7. Niveau de la productivité du travail en Australie, au Canada et en Suède (indice 100 en 1960)

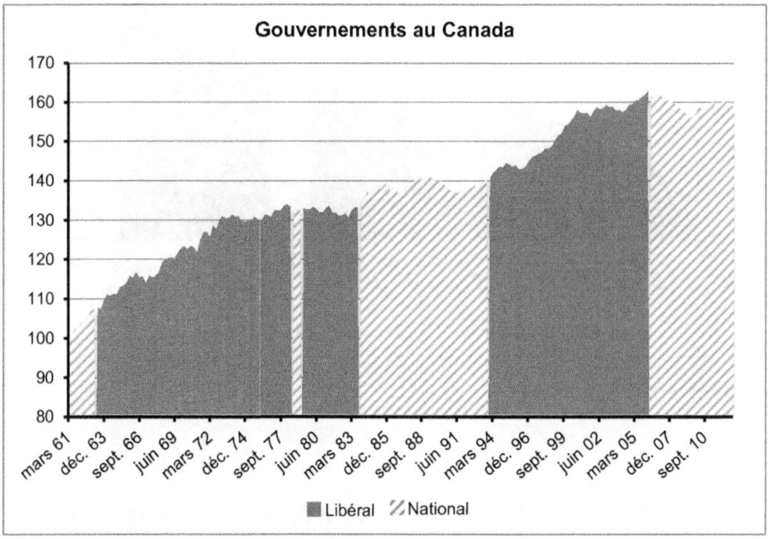

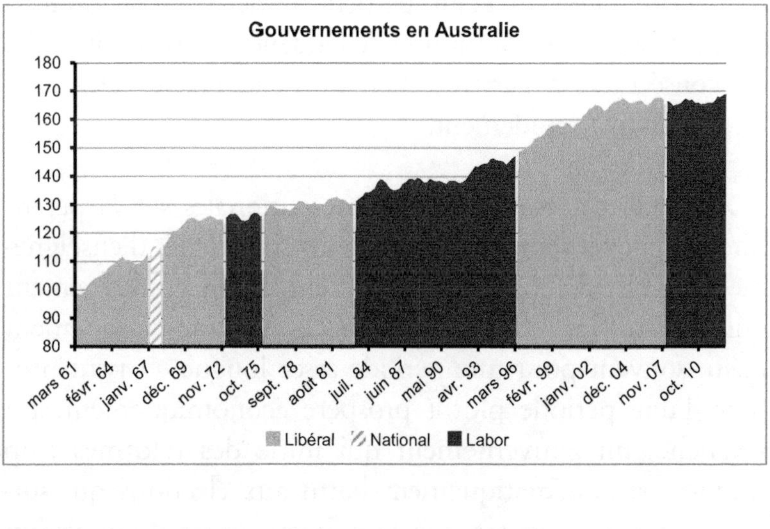

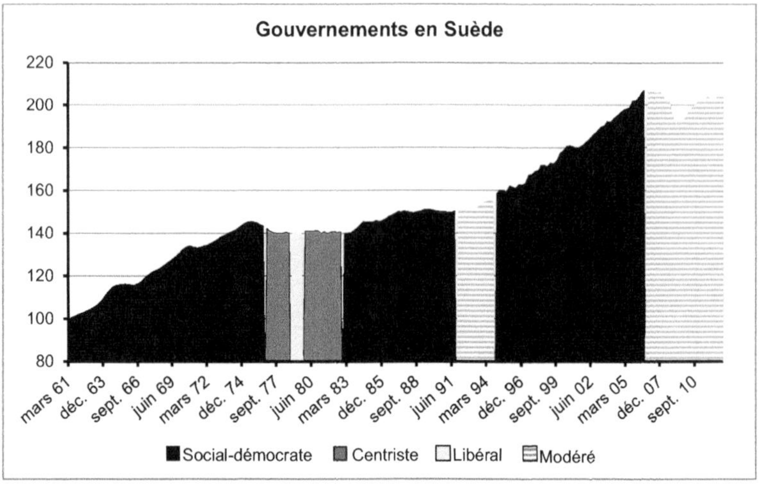

Source : Bergeaud, Cette et Lecat (2014).

Dans les trois pays, la productivité repart presque immédiatement avec la mise en place des réformes de consolidation, cette inflexion étant particulièrement visible pour la Suède. Chaque fois, la rupture de tendance sur la productivité est consécutive à l'arrivée d'un nouveau gouvernement et intervient très rapidement.

Au total, ces comparaisons internationales sur la pérennité des gouvernements réformateurs sont riches d'enseignements. Tout d'abord, elles suggèrent qu'un gouvernement qui poursuit les réformes avec succès est systématiquement réélu, souvent pour une période assez longue, et peut profiter d'une période plutôt prospère économiquement. En revanche, un gouvernement qui initie des réformes trop timides est systématiquement battu aux élections qui suivent. La raison en est que le gouvernement d'opposition fait à chaque fois campagne de façon assez virulente sur la nécessité de réformer le pays. Ces comparaisons internationales nous conduisent à penser que François Hollande n'aurait pas nécessairement réduit ses chances de réélection s'il avait engagé des réformes courageuses dès le début de son mandat. De même, il ne les réduirait pas s'il décidait de changer de cap et d'engager enfin des réformes structurelles ambitieuses.

Quatre chantiers à traiter en priorité

Parmi les nombreuses réformes à mettre en place dans notre pays afin de retrouver une santé économique comparable à celle des pays que nous venons de présenter, nous avons choisi de nous intéresser à quatre chantiers de réformes que nous jugeons particulièrement importants et urgents.

Supprimer le millefeuille territorial

Un premier domaine où une réforme radicale s'impose est celui du millefeuille territorial, avec différents niveaux de gouvernement se superposant et empiétant les uns sur les autres.

D'un côté, l'État décentralise sans renoncer totalement à exercer des responsabilités ; de l'autre, les régions ne bénéficient pas d'un statut de « chef de file » leur permettant de coordonner l'action des communes et des départements.

C'est ainsi que dans le champ des transports, les régions sont responsables des services de chemin de fer TER, les départements des lignes de car et les communes des transports urbains, sans qu'un raisonnement multimodal puisse réellement être posé au niveau régional. Alain Juppé se plaît à rappeler que, pour financer le tronçon de LGV desservant Bordeaux, plus de 50 acteurs territoriaux et nationaux sont régulièrement réunis pour prendre les décisions nécessaires.

De fait, la Cour des comptes a montré que dans de nombreux domaines, il y a cumul d'interventions entre les services de l'État et ceux des différents niveaux de collectivités locales, notamment, pour les domaines sociaux (personnes âgées, handicap, enfance, formation professionnelle, aides au logement et logement social...), économiques (développement économique, aide à la création d'entreprises, commerce extérieur...), mais aussi culturels, sportifs et du tourisme. Également en matière de ressources humaines, il y a une absence de gestion cohérente des effectifs entre les services de l'État et les différents niveaux de collectivités locales, d'où résulte une lourdeur (voire une inertie) dans les procédures de mobilité des agents*.

A-t-on aujourd'hui encore besoin de sous-préfectures ? Et pourquoi ne pas envisager la suppression du département, dont les compétences seraient alors reprises et organisées par la région ? Au total, c'est une réduction structurelle importante de la dépense publique qui pourrait être ici obtenue, sans préjudice pour la qualité de l'intervention publique considérée dans son ensemble et qui pourrait même s'améliorer, tout du moins sur la question de sa lisibilité par le citoyen. À titre d'exemple, la fusion département/intercommunalité pour les villes de Lyon, Lille, Marseille et Paris ainsi que la petite couronne pourrait permettre d'économiser

* Le millefeuille territorial génère également une concurrence fiscale verticale entre au moins quatre échelons de responsabilité territoriale. Ces différents niveaux tendent à taxer une même base d'imposition.

plus de 20 000 postes de fonctionnaires territoriaux. Cela constituerait une réduction substantielle du budget de l'État alloué à ces collectivités.

Une maladie insidieuse de la décentralisation mérite d'être traitée d'urgence : il s'agit du transfert des responsabilités au niveau de l'intercommunalité qu'on voit se traduire par une montée des effectifs au niveau intercommunal mais aussi communal ! René Dosière dénonce régulièrement les effets de l'empilement des niveaux d'administration qui s'accompagne de l'irresponsabilité fiscale d'élus locaux dont les ressources proviennent pour une bonne part de l'État[6].

Réforme des blocs de compétences en assignant à chaque niveau d'administration une compétence pleine et entière, attribution d'une recette fiscale propre à chaque niveau administratif maintenu, règles impératives de consolidation des effectifs quand des fonctions sont mutualisées, rationalisation des tâches administratives par création de centres de services partagés, fusion des organismes redondants comme a tenté de le faire l'Alsace… tels sont les quelques principes qui devront guider la nécessaire réforme territoriale.

Comme toujours en France, le débat sur l'efficacité dans la production de services a été encombré de considérations parasites. Produire efficacement et dans les délais requis, par exemple des permis de conduire ou des passeports, ne conduit en rien à renoncer à l'éthique de service public. Concentrer et rationaliser les aides distribuées aux mêmes personnes par des organismes publics divers et éviter les multiples saisies, sources d'erreurs et de retards pour les bénéficiaires, n'est pas attenter au statut de fonctionnaire territorial. Externaliser la gestion des centres de services partagés après les avoir constitués en agences ne signifie pas qu'on privatise l'État.

Réformer l'assurance-maladie

La France possède le système de santé le plus coûteux des pays de l'OCDE en part de PIB après les États-Unis. Comme le résume le tableau ci-dessous, la France a dépensé 11,6 % de son PIB en 2011, derrière les États-Unis (17,7 %), mais loin devant des pays comme la Suède, l'Islande, l'Australie et l'Italie qui ont dépensé autour de 9 % de PIB pour une espérance de vie supérieure ou égale. Il y a donc clairement des gains d'efficacité économique à réaliser.

Le déficit de la Sécurité sociale n'a jamais été aussi élevé qu'en 2010[7] en s'établissant à 30 milliards contre 10 milliards en 2008 et la dette sociale a atteint en 2011 142,8 milliards d'euros. Le déficit s'explique pour 60 % par des facteurs structurels et il est sans précédent parmi les grands pays européens. L'assurance-maladie représente à elle seule 11,6 milliards de déficits (la vieillesse 15 milliards d'euros et la famille 3 milliards d'euros). Les charges nettes de la branche maladie s'élevaient en 2010 à 155 milliards

Tableau 4.6. Dépenses de santé et espérance de vie en 2011

	Dépenses totales de santé en 2011 (en % du PIB)	Espérance de vie en 2011 (en années)
France	11,6	82,2
Italie	9,2	82,7
Islande	9	82,4
Suède	9,5	81,9
Allemagne	11,3	80,8
États-Unis	17,7	78,7

Source : OCDE.

d'euros, dont environ la moitié concerne les soins de ville et l'autre des dépenses relatives à des établissements de santé.

Comment expliquer que les dépenses de santé aient pu croître à ce point ? Tout d'abord parce que notre système de soins – tiers payant et paiement à l'acte – ne favorise pas le contrôle de la dépense. D'un côté, le consommateur ne subit pas de contrainte budgétaire car sa demande est toujours solvable grâce à l'intervention d'un tiers payant. D'un autre côté, les professions de santé ne sont pas incitées à maîtriser les coûts du système. Il n'y a pas de concurrence sur les prestations (les tarifs sont réglementés) ni suffisamment sur les médicaments, et les médecins privés ont toute latitude concernant les prescriptions de médicaments. En outre, les généralistes ont pu accroître leurs honoraires, tout en délaissant les actes pénibles tels que les gardes de nuit. Cela conduit, notamment en milieu urbain, à une fréquentation abusive des services d'urgences hospitalières, pour une qualité de soins qui n'est pas globalement améliorée, mais à un coût pour la collectivité clairement accru.

Enfin, dans ce secteur de la santé, le progrès technique est très largement orienté vers l'amélioration absolue de la qualité du service rendu sans que la balance avec la maîtrise des coûts soit intégrée. Il tend à faire monter le prix unitaire des équipements, non à les faire baisser.

Non seulement très coûteux, notre système de santé est également fortement inégalitaire. Ainsi, par exemple, la disparité des âges à la mort est plus élevée en France que dans n'importe quel pays de l'OCDE (si l'on exclut les États-Unis). Cela constitue un paradoxe bien connu, la France a une espérance de vie élevée avec une forte inégalité face à la mort (en 2008, plus d'un quart des décès ont eu lieu avant 70 ans pour une durée de vie moyenne de 82 ans). C'est d'autant plus surprenant que le système de santé français est l'un des plus égalitaires en termes de taux de remboursement pour une couverture de soin basique.

On peut mettre en avant deux explications comme l'ont étudié Philippe Aghion et Fabrice Murtin. D'une part, les inégalités socio-économiques, que ce soient les revenus ou l'éducation, qui augmentent de façon importante en France et creusent les inégalités de santé. D'autre part, la part des dépenses de santé chez les moins de 60 ans est plus faible en France que dans d'autres pays. Or il est clair que des soins plus précoces réduisent la mortalité prématurée et aboutissent *in fine* à un niveau de santé plus élevé.

Le graphique 4.8 résume bien l'état de notre système de santé par rapport à d'autres pays. Il met en perspective quatre critères : l'espérance de vie, l'égalité du système telle que nous l'avons décrit plus haut, les dépenses de R&D et enfin l'efficacité des dépenses, qui mesure globalement le gain en termes d'espérance de vie d'un dollar supplémentaire dépensé

Graphique 4.8. Efficacité des dépenses de santé (en 2011)

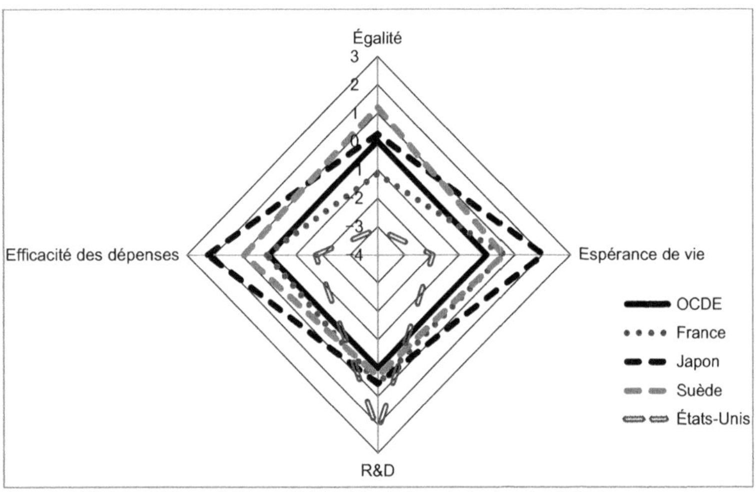

Source : réalisé par Philippe Aghion et Fabrice Murtin à partir de données OCDE.

dans la santé. Chaque critère est comparé à la moyenne de l'OCDE et l'aire recouverte par chaque pays donne une idée des caractéristiques du système de santé de chacun des pays.

On y lit que la France s'en sort bien en termes d'investissement en recherche et développement dans la médecine ainsi qu'en espérance de vie, mais elle se distingue par de fortes inégalités de santé et une dépense à peine plus efficace que la moyenne de l'OCDE.

Devant un tel constat, il semble donc important de réfléchir à des solutions pour rationaliser et réorganiser les dépenses de santé afin d'atteindre, avec des coûts moindres, un système à la fois plus juste et plus efficace.

Les expériences récentes visant à promouvoir le « juste soin » ou la « maîtrise médicalisée » ont échoué parce qu'elles ne remettaient en cause aucune des libertés des acteurs du système médical. Un débat politique est donc nécessaire pour savoir s'il faut garder un système aussi peu contraignant en le finançant par des prélèvements croissants ou s'il faut le faire évoluer en le mettant sous contraintes. Mais avant de proposer des pistes de réforme, voyons ce que les études nous apprennent au sujet de l'efficacité de la dépense de santé.

• *Quels leviers pour améliorer l'efficacité du système de santé ?*

Il est assez étonnant de constater qu'il n'existe pas de corrélation directe entre les dépenses et l'efficacité (mesurée ici par l'espérance de vie) en matière de santé lorsqu'on compare les pays de l'OCDE entre eux. C'est ainsi que pour une espérance de vie comparable, certains pays dépensent beaucoup moins que la France, comme nous l'avons vu plus haut. Il est alors utile d'y observer l'organisation du système de santé afin de comprendre comment rendre les dépenses le plus efficaces possible.

Nous avons cherché à mettre en évidence le lien empirique entre dépenses et performances de santé, montrant notamment que les dépenses en médecine de ville (c'est-à-dire pratiquée hors de l'hôpital) et dans l'administration sont négativement liées aux performances. Nous montrons aussi et surtout que la *décentralisation* du système et la *mise en concurrence* des prestataires de soin et des assurances ont un impact positif sur l'efficacité de la dépense[8].

• *Plusieurs axes de réformes*

Une réponse constante et systématique, quelle que soit la couleur politique des gouvernements en place, a été la baisse des taux de remboursement de nombreux actes et médicaments, sans cohérence d'ensemble et sans maîtrise efficace de la dépense. L'action des professionnels de la santé a toujours été très structurée et efficace contre une réelle maîtrise des dépenses, notamment en matière de prescription médicale (en France, la liberté du médecin est totale, contrairement à ce qui se pratique dans des pays comme l'Allemagne ou le Danemark). Les déremboursements aboutissent ainsi parfois à des situations caricaturales de remboursement à 15 % de médicaments considérés comme peu efficaces. Il faut clairement revoir ce système.

Par ailleurs, une note récente du CAE[9] propose des voies de réformes qui permettraient à la fois une réduction des inégalités d'accès aux soins, une meilleure maîtrise de la dépense et des gains d'efficacité. Les réformes proposées redéfinissent l'articulation entre les remboursements par la Sécurité sociale et les organismes complémentaires et basent la maîtrise des dépenses sur la mise en concurrence des ARS

(Agences régionales de la santé) et sur l'information plus développée concernant les soins et les dépenses. Nous en reprenons ici les principales préconisations.

Un premier axe de réforme consisterait à définir un socle de soins totalement couverts pour tous par la Sécurité sociale, les autres soins échappant entièrement à cette couverture. On sortirait ainsi de la logique du déremboursement partiel et des inégalités d'accès pour les soins correspondant à ce socle. La palette des taux de remboursement se verrait donc substituer les deux seules valeurs de 0 % ou 100 %, et les débats porteraient uniquement sur le contenu de ce socle de soins.

Un second axe de réforme consisterait à décentraliser les caisses sociales et en particulier les caisses d'assurance-maladie au seul niveau régional et en éliminant tous les cloisonnements sectoriels. Il y aurait donc les 26 Agences régionales de santé qu'il faudrait doter des moyens de pilotage des soins, avec une enveloppe financière et une réelle autonomie sur son utilisation. Les ARS disposeraient de l'ensemble des budgets disponibles, piloteraient l'offre de soins et bénéficieraient en outre d'une maîtrise des modalités de rémunération des professions, afin de pouvoir développer des mécanismes incitatifs. Cette autonomie sur l'offre de soin concernerait aussi par exemple la régulation de la prescription libérale. Une évaluation continue des performances des ARS et leur comparaison, globale et par type d'intervention, permettraient la connaissance et la généralisation des bonnes pratiques. Les performances des ARS seraient rendues publiques, sur la base d'indicateurs homogènes (y compris les files d'attente), afin de faciliter la comparaison de leurs performances.

Enfin, le marché des médicaments doit être impérativement remis à plat, nous reviendrons sur ce point dans le chapitre suivant.

Revoir le système de retraites

Le régime français de retraites, l'un des plus généreux dans le monde, a permis de faire reculer la pauvreté des personnes âgées. Bâti presque exclusivement sur la répartition, puisque les régimes de base et complémentaire sont obligatoires et en répartition, il permet aujourd'hui une parité de niveau de vie entre actifs et inactifs. En contrepartie, il implique que la charge des retraites présentes soit supportée par les générations présentes de cotisants.

Cependant, le système actuel souffre de défauts notoires, qui ont conduit nombre d'experts syndicalistes et d'hommes politiques à envisager une réforme de grande ampleur.

Tout d'abord, le système actuel est illisible, avec une pluralité des régimes obligatoires, des régimes de base et des régimes complémentaires qui rend très difficile pour ne pas dire impossible à un cotisant au cours de sa carrière de savoir ce que sont ses droits et de choisir en connaissance de cause le meilleur moment de cessation d'activité. De fait, le passage d'une économie de rattrapage où un employé passe souvent toute sa vie dans la même entreprise, à une économie de l'innovation où l'employé est appelé à changer souvent d'emploi et même de secteur, rend nécessaire à terme la convergence vers un régime unique de retraites*.

En deuxième lieu, le système actuel est inégalitaire, car les 38 régimes obligatoires ouvrent à leurs cotisants des droits variés. La situation diffère selon que vous êtes fonctionnaire ou non, adhérent à un régime spécial ou pas. La pension

* Cette remarque vaut également pour les régimes d'assurance-maladie : le passage à une économie de l'innovation où l'on change continuellement d'entreprise et de secteur rend nécessaire la disparition progressive de la division par branches du système des caisses d'assurance-maladie.

est calculée sur des périodes de référence différentes. Les régimes complémentaires du privé relèvent d'un système à points.

Par ailleurs, le système est inefficace, car la diversité des droits et la pluralité des régimes rendent l'administration des retraites particulièrement coûteuse. Par rapport aux meilleures normes de gestion, on estime qu'on peut économiser près de 2,5 milliards d'euros annuellement dans l'administration du système, s'il était unifié.

Enfin, et surtout, le système actuel est instable : en effet, il ne permet pas d'assurer d'équilibre de long terme, ce qui nécessite l'intervention périodique de l'État et des partenaires sociaux pour fixer les termes d'un nouveau compromis.

La réponse à ces problèmes est d'engager une réforme systémique. Il s'agit en premier lieu de converger vers une unification des régimes afin de simplifier le système, de le rendre lisible et de faciliter en cela le débat sur les questions de financement. Il s'agit également d'élaborer des règles de financement qui assurent l'automaticité de l'équilibre financier du système. En particulier, le vieillissement de la population suscite des besoins de financement en augmentation continue que la croissance anticipée de notre productivité ne peut suffire à couvrir.

Trois réponses au problème du financement sont théoriquement envisageables. Première solution : la baisse des pensions. Nous l'excluons car il n'est pas dans notre propos d'envisager une paupérisation des pensionnés. Deuxième solution : le recours à d'autres ressources ou à une hausse des taux de cotisation. Le problème est que le niveau des contributions a déjà atteint les limites du supportable. Troisième solution, la seule qui nous paraisse véritablement juste et efficace : une augmentation soit du nombre d'annuités nécessaires au bénéfice d'une retraite complète, soit le recul de l'âge moyen de départ à la retraite.

L'augmentation du nombre d'annuités nécessaires au bénéfice d'une retraite complète est en effet incontournable compte tenu de l'allongement de l'espérance de vie. Elle devrait être automatiquement associée à cet allongement de l'espérance de vie avec, comme cela est prévu dans la réforme de 2013, des modulations liées à la pénibilité des périodes contributives, quand elles ont pour conséquence de réduire l'espérance de vie ou l'espérance de vie en bonne santé.

Les Suédois ont mis en place un système de retraite par points. C'est un système par répartition mais qui incite à travailler plus longtemps pour gagner davantage de points. Le montant des pensions en fonction du nombre d'années de cotisation est indexé sur la croissance de moyen terme et tient compte également des évolutions démographiques. Une grande vertu de ce système est qu'il est en situation d'équilibre structurel (c'est-à-dire après correction pour les aléas de la conjoncture).

Au lieu d'une telle réforme, qu'a produit récemment le gouvernement ? Un plan de financement lacunaire, riche en habiletés techniques, au confluent des lignes rouges syndicales, mais dont le principal mérite est d'avaliser les réformes passées. Faut-il le rappeler, la réforme Sarkozy de 2010 avait suscité, au-delà des critiques sur les paramètres de la réforme, une critique fondamentale sur la méthode : une accumulation de réformes partielles, dépassées avant d'avoir été mises en œuvre, fondées sur des hypothèses irréalistes de croissance et de gains de productivité et financées par des expédients divers ne pouvait rassurer les Français quant à la pérennité du système. Il convenait donc de s'attaquer enfin à une réforme durable, basée sur un financement pérenne et possédant des propriétés d'autoajustement.

De fait, le rapport Moreau (juillet 2013) a établi le besoin de financement à l'horizon 2020 (20 milliards d'euros) sur la base d'hypothèses optimistes de croissance et de gains de productivité. Il évoque les pistes classiques de solutions qui vont de l'allongement de la durée de cotisation à l'augmentation des cotisations en passant par l'alignement partiel des modalités de calcul des pensions entre fonctionnaires et non-fonctionnaires, la désindexation des pensions et l'érosion des avantages fiscaux des retraités.

Malheureusement la réforme Ayrault ne règle pas la question du besoin de financement à l'horizon 2020, ne reprend complètement aucune des propositions du rapport Moreau et est largement fondée sur des tours de passe-passe financiers. Par glissements successifs, le besoin de financement est passé de 20 milliards à 7 milliards. Quant aux recommandations de Yannick Moreau, elles sont soit écartées, soit différées, soit édulcorées. Qu'on en juge : l'allongement de la durée de cotisation au-delà de 41,5 années pour obtenir une retraite à taux plein est renvoyé à 2035 et donc ne peut contribuer à financer l'équilibre 2020. Aucune révision des modalités de calcul des pensions de fonctionnaires n'est décidée au motif que les taux de remplacement sont à peu près équivalents. Et le bouclage financier se fait donc essentiellement par augmentation des cotisations salariales et patronales.

On attendait une réforme d'envergure et, à l'arrivée, on a un plan de financement *a minima*, des choix différés, une collection de « trucs » financiers et fiscaux et la certitude qu'il faudra dans quelques années régler à nouveau les problèmes de financement qui ne manqueront pas de surgir.

La réforme de l'indemnisation du chômage

L'assurance-chômage, qui représente en termes de masse financière environ 1,5 point de PIB, doit à la fois éviter les trajectoires de pauvreté et de pertes de capital humain, et associer plus réellement l'indemnisation à la recherche d'emploi et à la formation. Ces questions doivent ici encore être abordées sans *a priori*, en s'inspirant des expériences étrangères ayant abouti à des résultats tangibles, comme celles des pays scandinaves ou des pays rhénans. Dans ces pays, dont la plupart se caractérisent par des niveaux d'inégalités de revenus équivalents ou plus faibles que ceux que nous connaissons en France, les chômeurs ne peuvent refuser des offres d'emploi (en rapport avec leur qualification et leur lieu de vie) ou des formations, sans risque effectif de perdre une partie ou la totalité de leur indemnisation. Par ailleurs, l'opportunité d'une dégressivité de l'indemnisation dans le temps ou d'une dégressivité plus forte selon le revenu antérieur à la situation de chômage doit être étudiée sans *a priori* avec comme seules préoccupations celles énoncées plus haut.

Enfin, la question de la réforme de l'indemnisation chômage ne peut être sereinement posée sans évoquer les dispositions actuelles qui paraissent exorbitantes, comme celles dont bénéficient les CDD, l'intérim ou plus encore les intermittents du spectacle, et qui contribuent lourdement aux difficultés de financement actuelles du régime[10]. Rappelons que les 100 000 intermittents concernés contribuent (en termes de cotisations des salariés et des employeurs) annuellement pour environ 200 millions d'euros, pour bénéficier d'une indemnisation d'environ 1,2 milliard d'euros, ce déficit de 1 milliard étant structurel et presque totalement indépendant de la conjoncture. Revient-il au régime d'assurance-chômage de contribuer ainsi structurellement au financement de la politique culturelle ? Parmi tous les pays industrialisés, la France paraît être le seul à connaître une telle situation.

Vers un État plus efficace

La simplification administrative, la refonte de la gouvernance territoriale, la refondation de la protection sociale pour en assurer la soutenabilité de long terme sont des thèmes permanents du débat public depuis plus de trente ans. Les solutions trouvées jusqu'ici combinent, en situation d'urgence, alourdissement des prélèvements, échenillage de la dépense publique et dégradation du service rendu. Pourquoi ?

Notre réponse est qu'avec le temps un système égalitaire, protecteur et facteur de croissance est devenu progressivement moins efficace et plus inégalitaire, et ce en grande partie à cause du passage d'une économie de rattrapage à une économie de l'innovation. En effet, ce passage implique qu'un nombre croissant de travailleurs sont appelés à changer plusieurs fois d'emploi et de secteur au cours de leur vie active. Or des systèmes de retraite ou d'assurance-maladie organisés par branche accroissent le risque auquel font face ces travailleurs, en même temps que cela accroît les inégalités entre ceux qui bénéficient d'emplois plus durables et les autres qui subissent davantage les conséquences de la « destruction créatrice ».

Les expériences étrangères évoquées ici nous ont livré plusieurs leçons utiles. Tout d'abord, les coups de rabot périodiques sont inefficaces et paupérisent progressivement le service public. À l'inverse les réformes structurelles qui passent toutes par une réorganisation en profondeur des organisations et des *modus operandi* sont trop longues à produire leurs effets. Par ailleurs, seules des réformes fondées sur un diagnostic partagé, assumées au plus haut niveau, déployées sur la durée avec des étapes clairement identifiées peuvent changer le cours des choses. En outre, on ne peut concilier objectifs de court terme et bénéfices de long terme que si on accepte de faire porter les efforts dans un premier temps sur les prestations et les aides publiques, cependant que les réformes institutionnelles et organisationnelles sont entreprises pour assurer les succès de long terme. Nous avons évoqué ici la multitude d'organismes redondants dans le champ du social ainsi que le développement non contrôlé du millefeuille territorial ; la rationalisation de ces structures prendra du temps mais elle contribuera à un meilleur service public, moins coûteux et donc plus pérenne.

CHAPITRE 5

Réformes structurelles et mobilité sociale

Nos analyses et discussions jusqu'ici (en particulier au chapitre 2) ont suggéré que des réformes structurelles visant à dynamiser le marché des biens et le marché du travail, et à promouvoir une école de qualité, sont des leviers essentiels de croissance par l'innovation en même temps qu'elles peuvent contribuer à relancer l'ascenseur social.

Dans ce chapitre, nous détaillons le contenu de telles réformes dans le contexte français. Nous évoquons successivement la formation (école, université et formation professionnelle), le marché du travail, la protection sociale et la lutte contre la pauvreté, la concurrence sur le marché des biens et enfin la politique industrielle.

Investir dans la mobilité

La France souffre à la fois d'une croissance atone et d'une baisse continue de la mobilité sociale. Pour s'attaquer à ce double problème, un premier levier est celui de l'éducation et de la formation : comment dynamiser l'économie en augmentant la mobilité des individus. Mobilité sociale par la réforme de l'école, de l'université et une plus grande fluidité entre formations générales et formations professionnelles, mobilité d'un emploi à un autre, mobilité dans la création d'activités nouvelles. Tout cela contribue à stimuler la croissance par l'innovation (en élevant la concurrence et la mobilité du travail) tout en augmentant l'équité par une plus grande mobilité sociale et professionnelle.

Réformer l'école pour stimuler la croissance et réduire les inégalités

Comment réformer l'école pour améliorer nos performances PISA et donc notre potentiel de croissance tout en assurant une plus grande égalité des chances ? Au chapitre 2, nous avons déjà évoqué la comparaison entre la France et la Finlande : les deux pays consacrent une fraction équivalente de leur PIB à l'éducation primaire et secondaire et pourtant la Finlande obtient des résultats PISA très supérieurs aux nôtres.

Le succès finlandais repose sur quatre leviers : l'égalité d'accès à l'école, un soutien scolaire massif à chaque élève en particulier dans le primaire ; des enseignants hautement qualifiés et responsabilisés dans tous les établissements scolaires finlandais ; enfin, une utilisation efficace et cohérente des ressources grâce à une gestion partagée entre autorités nationales, instances municipales et établissements scolaires.

• *Égalité d'accès à l'école*

Ayant compris que sa compétitivité ne pouvait plus reposer uniquement sur une production traditionnelle et sur ses ressources naturelles, la Finlande a entrepris de réformer son système éducatif dans le but de préparer l'ensemble de ses citoyens – et pas seulement une élite retreinte – aux nouveaux défis de la globalisation. De fait, le système finlandais offre à chaque enfant les mêmes possibilités d'apprendre, quels que soient l'origine sociale, le revenu familial ou le lieu de résidence. Il n'existe pas en Finlande de classement entre écoles. Les parents sont libres de choisir l'école de leur(s) enfant(s) et les options de base sont identiques. L'éducation primaire et secondaire est considérée comme un instrument d'égalité sociale et non comme un moyen de produire une élite sélectionnée au terme d'un processus de distillation des essences les plus rares. L'égalité des chances se matérialise par une école publique gratuite (la Finlande n'a pas d'écoles privées), des repas gratuits, une allocation de transport, un accès facilité aux soins médicaux et au conseil psychologique et surtout l'accès au soutien académique individualisé.

• *Un soutien scolaire à chaque élève dès l'école primaire*

Le second levier du succès finlandais est son système très développé de lutte contre l'échec scolaire dès le primaire : il s'agit en effet d'identifier très tôt les lacunes de l'enfant afin d'éviter des retards cumulés. La loi finlandaise permet à chaque enfant d'obtenir gratuitement un soutien individuel pédagogique, soit général, soit dans une matière spécifique.

La mise en place de ce dispositif de soutien relève de la responsabilité de chaque professeur, qui peut à cet effet se faire seconder par un autre professeur ou tuteur. Le soutien est octroyé sous forme de cours supplémentaires individuels ou par petits groupes comportant au maximum 5-6 élèves. Chaque école dispose d'un « *school welfare group* », chargé de planifier et de coordonner toutes les activités de soutien au sein de l'école. Le temps réservé à cette activité de soutien dépend des besoins propres à chaque enfant. Les résultats de cette politique sont édifiants : 0,3 % seulement des élèves quittent l'école au cours des neuf premières années d'études ; il y a 2 % de redoublement en Finlande contre 4 % en France ; près de 97 % des élèves poursuivent leurs études jusqu'au bac (44 % en bac professionnel). En 2010, 23 % des moins de 19 ans, 45 % des 20-24 ans et 30 % des plus de 25 ans ont été reçus à l'université.

- *Des enseignants qualifiés et responsabilisés*

Le statut d'enseignant en Finlande est très prestigieux. La formation est offerte gratuitement par 11 des 14 universités finlandaises et elle est considérée comme l'une des filières professionnelles les plus sélectives du pays. En 2010, sur un total d'environ 16 400 candidats à cette formation, seuls 800 furent acceptés. La sélection des candidats se fait en deux temps : tout d'abord, un test écrit national d'aptitude et de connaissances générales, puis dans une seconde étape une épreuve (essai ou interview) organisée par l'université. Le système de formation des enseignants attire les meilleurs étudiants et, à l'opposé de ce que l'on observe en France, le nombre de candidatures annuelles ne fait qu'augmenter. Tous les enseignants doivent suivre une formation de base jusqu'au niveau bac+5. Ensuite, il y a dix-huit mois de formation pédagogique avec stages d'apprentissage organisés par l'université. Bien que la formation des enseignants se fasse dans différentes universités, elle produit des enseignants de qualité relativement uniforme dans tout le pays.

La Finlande met également l'accent sur la formation continue gratuite des enseignants. Celle-ci relève de la responsabilité des employeurs, en général les municipalités, même si la mise de départ provient du budget de l'État, qui verse chaque année 20 millions d'euros au Conseil national de l'éducation, lequel ensuite les redistribue aux municipalités. Les accords communaux passés avec les écoles prévoient au minimum trois jours de formation continue par an et par école. Près de 30 000 professeurs (75 % du corps enseignant) en bénéficient chaque année.

La formation sélective, exigeante et continue des enseignants constitue le principal facteur de valorisation de leur métier, au moins autant que les salaires (les professeurs finlandais ne sont pas mieux payés que dans la moyenne des pays de l'OCDE, mais néanmoins davantage qu'en France). Valoriser les enseignants permet également de les responsabiliser : cette responsabilisation se reflète dans l'autonomie accordée aux enseignants dans le choix des méthodes pédagogiques et dans l'évaluation pédagogique, sociale ou psychologique des besoins de chaque élève.

La Finlande a eu bien raison de miser sur la qualité des enseignants car celle-ci se révèle être essentielle pour la réussite économique des élèves : une étude publiée en 2011[1] tente d'évaluer les résultats d'une politique centrée sur la qualité des enseignants. À partir de données rassemblées aux États-Unis sur 1 million de collégiens de la 9e au bac, l'étude montre que de bons enseignants non seulement permettent aux élèves d'obtenir de meilleurs résultats aux tests, mais également leur donnent de meilleures chances de réussite pour l'avenir. Avoir un bon professeur en 9e se traduit pour l'élève par un accroissement de 1,25 % de ses chances d'accéder à l'université. Un chiffre qui peut paraître dérisoire et qui représente pourtant près de 25 000 dollars de revenus supplémentaires sur toute une vie, soit près de 700 000 dollars au niveau d'une classe de taille moyenne.

- *Une structure de décision flexible et décentralisée*

Le succès finlandais repose enfin sur l'interaction et le consensus entre différents niveaux de décision. Au niveau national, les acteurs sont le ministère de l'Éducation et le Conseil national de l'éducation. Le conseil est indépendant du ministère mais les deux instances coordonnent leurs activités. Le conseil est notamment chargé de la mise en place du programme national de base, revu tous les quatre ans, et dont il surveille la mise en œuvre. Élaboré par des représentants du syndicat des enseignants, des municipalités, de l'Institut national de la santé, des universités, des municipalités et des écoles, ce curriculum donne un cadre général aux écoles, il définit les buts et le contenu des programmes scolaires, ainsi que les résultats escomptés à différents stades du parcours primaire et secondaire, et il détermine le nombre d'heures d'enseignement.

Dans le respect de ce cadre, les municipalités, en accord avec les écoles, sont libres de mettre l'accent sur telle ou telle matière ou d'augmenter leurs heures de cours. Ainsi, au niveau local, les municipalités et les écoles jouent un rôle important dans l'adaptation des programmes scolaires aux besoins locaux tout en respectant le cadre de base défini par les instances nationales. Les municipalités sont également responsables du design et de la maintenance des écoles ainsi que de la formation continue des professeurs.

La moitié du budget municipal consacré à l'éducation vient de l'État, l'autre moitié des taxes municipales, et l'État fixe un montant minimal pour le budget municipal. Il est prévu de resserrer le cadre du contrôle financier du gouvernement sur les municipalités dans le domaine de l'éducation afin d'inciter les instances locales à consacrer une part plus importante du budget à des programmes scolaires plus ambitieux.

• *Exemples de ce qu'il ne faut pas faire*

Il est intéressant de comparer la Finlande avec d'autres pays voisins, dotés d'un système politique relativement similaire au système finlandais : la Norvège et la Suède. Ces deux pays ont également procédé à des réformes profondes de leurs systèmes éducatifs, mais en suivant des directions très différentes, c'est-à-dire en favorisant davantage les écoles privées ou en accroissant la concurrence entre établissements. Les résultats ne sont guère probants, avec des classements PISA qui se sont fortement détériorés pour ces deux pays depuis l'année 2000 et encore cette année.

Évidemment, il ne s'agit pas pour la France de simplement copier le système finlandais. La Finlande est un petit pays avec une population très homogène : seuls 4,6 % des citoyens finlandais sur une population totale de 5,4 millions sont nés à l'étranger. Il n'empêche, l'impressionnante réussite du modèle finlandais et le moindre succès de ses voisins scandinaves suggèrent quelques lignes de force pour réformer notre propre système éducatif : un système égalitaire qui évite la sélection précoce des élèves ; un investissement massif dans le soutien individualisé aux élèves en difficulté dès le primaire ; une valorisation du métier d'enseignant avec une formation pédagogique initiale conséquente suivie d'une obligation de formation continue ; enfin, un partenariat plus équilibré entre les instances pédagogiques nationales, les autorités régionales ou locales et les établissements scolaires.

Notre discussion du cas finlandais suggère une politique de l'éducation qui se focalise davantage sur l'accompagnement individuel des élèves, notamment en zones défavorisées, ainsi que sur la formation initiale et continue des maîtres. Tout autre débat, notamment celui sur les rythmes scolaires, nous paraît d'importance secondaire par rapport à la priorité qui doit être consacrée à ces deux leviers.

En outre, comme nous l'avons déjà souligné au chapitre 2, cette comparaison entre la France et la Finlande montre que la gouvernance et l'organisation du système éducatif sont au moins aussi importantes que les moyens investis. Il ne faut pas raisonner en termes seulement quantitatifs mais aussi en termes qualitatifs lorsqu'on envisage une dépense publique. Cette idée d'insister sur le qualitatif, et donc sur l'excellence, s'applique également à l'université, comme nous allons le voir à présent.

Le mythe de l'égalité formelle : l'exemple de l'université

L'attachement à des principes d'égalité formelle conduit certains à gauche à considérer que l'excellence universitaire et la concurrence entre universités doivent être fermement combattues. De même, devrait être combattue l'idée que certains enseignants-chercheurs à l'université devraient être payés davantage au sein d'une classe d'âge ou à un même niveau de séniorité. Or, de façon surprenante, ces chantres de l'égalité s'accommodent fort bien de ce qui représente sans doute une des principales sources d'inégalités en France, à savoir la dualité entre universités et grandes écoles.

En effet, plusieurs facteurs contribuent à maintenir de fortes rentes de situation en faveur des grandes écoles et au détriment des universités. Tout d'abord, les grandes écoles jouissent d'un statut de « grand établissement » dont ne bénéficient pas d'autres institutions au sein du système d'enseignement supérieur. Ce statut donne davantage de latitude aux grandes écoles en matière de gouvernance et de politique de ressources humaines (salaires, embauches...). La récente loi Fioraso se veut égalitaire et limite la possibilité pour d'autres institutions d'accéder à ce même statut de grand établissement. Ce faisant, elle perpétue les rentes dont jouissent les grandes écoles au détriment de l'université*.

En second lieu, les classes préparatoires et les grandes écoles sont mieux dotées que les universités : en particulier la dépense moyenne par étudiant universitaire est de l'ordre de 10 000 euros, alors qu'elle s'élève à plus de 15 000 euros pour un étudiant en classe préparatoire et à plus de 20 000 euros pour un étudiant ayant intégré une grande école**.

Ces deux éléments créent une situation de concurrence biaisée entre universités et grandes écoles. En outre, les rentes ainsi générées en faveur des grandes écoles et au détriment

* En outre, les classes préparatoires puis les grandes écoles offrent des enseignements multidisciplinaires, ce qui permet une spécialisation progressive des étudiants et une orientation sélective adaptée, par la spécialisation.

** Par ailleurs, plusieurs grandes écoles ont la possibilité d'adapter leurs frais de scolarité, par contraste avec les universités (à part Paris-Dauphine). Cela leur donne les moyens d'une pédagogie plus ambitieuse. Une bonne organisation d'aides, de bourses et de prêts peut permettre d'éviter que ces frais de scolarité ne renforcent la sélection sociale. Soulignons que des études supérieures adaptées permettent d'augmenter les perspectives de revenus, au moment de passer dans la vie professionnelle. Aussi, il paraît équitable de demander aux bénéficiaires d'études supérieures de contribuer réellement, par des frais de scolarités adaptés, au financement d'études qui élèveront leurs perspectives professionnelles. Ce financement ne doit pas être total : la société dans son ensemble bénéficie de l'augmentation du niveau d'éducation et une telle externalité doit logiquement réduire la contribution individuelle au financement des études supérieures.

de l'université se perpétuent à travers les systèmes de grands corps, avec comme résultat une société française figée et corporatiste et un niveau de mobilité sociale bien inférieur à celui d'autres pays européens comme l'Allemagne ou les pays d'Europe du Nord.

Pour élever le niveau de nos universités et réduire ainsi les rentes de situation dont bénéficient les grandes écoles, trois grands principes nous semblent fondamentaux, des principes que la gauche aurait toutes les raisons de promouvoir.

Le premier principe est celui de la *diversité des filières universitaires*. Un système d'enseignement supérieur doit à la fois former des professionnels, promouvoir la recherche et délivrer des enseignements qui élèvent le niveau global de culture et de compétences d'une population. Cette diversité s'organise classiquement avec des écoles professionnelles, des universités pluridisciplinaires et des universités de recherche. Cette diversité des filières doit être complétée par des *passerelles* permettant à tout moment les réorientations pour corriger les limites des choix initiaux et favoriser la mobilité professionnelle et sociale. Il faut insérer les grandes écoles dans l'université et établir des passerelles entre les différentes formations et les différents programmes, notamment entre formation universitaire de base et préparation à une grande école, ou entre formation générale et formation professionnelle. C'est dans cette mobilité que réside la possibilité d'une seconde chance, et c'est grâce à elle que disparaîtront progressivement la pratique et la notion de grands corps dans notre pays.

Le deuxième principe est celui de l'*excellence universitaire*. Une université qui ne produit ni recherche de niveau européen (reflétée notamment dans les indices d'impact), ni innovation et brevets menant à des créations d'entreprises, ni bonne insertion professionnelle, ne contribue ni à l'emploi ni à la croissance. Les gouvernements récents boudent la référence à certains classements internationaux, notamment le classement de Shanghai. Il est vrai que ce classement mélange des indices de publications scientifiques à des indicateurs reflétant la présence de prix Nobel ou de médailles Fields au sein de l'université. Cependant, ce classement est fortement corrélé avec d'autres classements, notamment ceux basés uniquement sur le volume et l'impact des publications et des brevets. Au total, il est difficile de ne pas voir dans ce rejet du classement de Shanghai un renoncement à l'objectif même d'excellence pour l'université, alors qu'on ne le discute pas lorsqu'il s'agit des grandes écoles. Rejeter le critère de l'excellence universitaire revient à perpétuer la dichotomie actuelle entre universités et grandes écoles, facteur majeur d'inégalité de notre système d'enseignement supérieur.

Le troisième principe est celui de la nécessaire *émulation* ou « *concurrence* » entre universités. Le terme « concurrence » est régulièrement diabolisé par certains enseignants-chercheurs français. Or la concurrence universitaire est tout sauf un jeu à somme nulle. Aux États-Unis, Harvard et le MIT se font concurrence pour attirer les meilleurs étudiants et enseignants-chercheurs ; dans le même temps, ces deux établissements coopèrent étroitement à travers de nombreux cours et séminaires communs et de multiples collaborations entre chercheurs appartenant aux deux institutions. C'est, au total, cette « coopétition » qui fait de Cambridge (Massachusetts) un endroit aussi attractif pour les étudiants et chercheurs du monde entier. Cette concurrence n'est nullement une valeur de droite, elle est au contraire une garantie à la fois pour le contribuable quant à l'utilisation des fonds publics, et pour l'étudiant qui a droit au meilleur service de formation possible.

Le dernier principe est celui *de bonne gouvernance* des universités, notamment pour permettre aux étudiants de mieux piloter leurs parcours universitaires. Tout d'abord, il faut éviter que les étudiants ne se spécialisent trop tôt : une vertu des modèles suisse et anglo-saxon, également partagée en France par les classes préparatoires aux grandes écoles, c'est en effet la spécialisation progressive où l'on commence par suivre une formation multidisciplinaire pour ensuite se spécialiser progressivement. Ensuite, les étudiants doivent être informés sur le contenu et la qualité des cours. D'où l'importance de soumettre la recherche et l'enseignement, au niveau des départements et laboratoires, à des évaluations, afin que les étudiants puissent prendre des décisions informées. Les étudiants dans de nombreux pays ont la possibilité d'évaluer leurs professeurs et d'accéder aux informations sur la qualité des cours et les débouchés offerts par différentes universités et différents programmes. Ce n'est malheureusement pas le cas des étudiants français à l'université.

C'est dans le but de faire sauter les cloisons et les verrous qui figent notre système d'enseignement supérieur et de recherche que la commission transpartisane Rocard-Juppé avait proposé en 2009 que l'État finance la création de nouveaux laboratoires et de nouvelles universités dits d'« excellence » : ces entités sélectionnées sur projet par un jury international intègrent départements universitaires existants et grandes écoles, et rapprochent la recherche pure de l'enseignement supérieur. Ces entités établissent également de nouvelles passerelles entre formation générale et formation professionnelle. Enfin, elles adoptent de bons principes de gouvernance dont certains sont déjà en vigueur dans de grandes écoles. L'idée est précisément de niveler l'ensemble du système d'enseignement supérieur par le haut. Malheureusement, sans être abandonné, cet agenda n'est plus considéré comme prioritaire par la nouvelle majorité, qui préfère le mythe d'une égalité formelle renforçant en fait les inégalités et la reproduction sociale par l'existence des grandes écoles et des grands corps, à l'ambition d'offrir toutes les opportunités de réelles mobilités sociales et de promouvoir l'excellence.

Une nécessaire refondation de notre système de formation professionnelle

Comment l'État peut-il aider les individus à rebondir d'un emploi à un autre et éviter que la mobilité du travail imposée par l'innovation ne se traduise en facteurs de précarité et de perte de qualification ?

Selon une enquête européenne sur les conditions de travail, seuls 54 % des Français considèrent que leur « emploi est sûr » contre 73 % au Danemark. Or des études récentes ont montré que le sentiment de sécurité dans l'emploi est corrélé positivement à la générosité des indemnisations chômage et négativement à la rigueur de la protection de l'emploi. Ainsi, celle produite à partir des données individuelles de plusieurs vagues d'enquêtes réalisées par Eurostat auprès d'un panel européen d'individus[2]. Le sentiment d'insécurité dans l'emploi est appréhendé à partir des réponses à la question : « Êtes-vous satisfait dans votre occupation professionnelle actuelle en termes de sécurité d'emploi ? » L'analyse montre que le sentiment d'insécurité des employés précaires ou en CDI dans le secteur privé croît avec le niveau de protection de l'emploi.

Le dernier enseignement qui vient d'être mentionné est particulièrement important. Il signifie qu'une augmentation du niveau de protection de l'emploi augmenterait le sentiment d'insécurité des travailleurs vis-à-vis de leur emploi. L'explication de ce paradoxe est que la protection de l'emploi protège les personnes en emploi stable (les *insiders*), mais, en réduisant la fluidité du marché du travail et les transitions, rend plus difficile l'insertion ou le retour à l'emploi pour ceux qui l'ont perdu (les *outsiders*). Le risque de chômage prolongé par cette moindre fluidité du marché du travail serait même ressenti par les personnes en emploi stable dans le secteur privé.

C'est ainsi que dans les pays méditerranéens dans lesquels l'emploi est fortement protégé et les allocations chômage sont faibles, le sentiment de sécurité est faible. En revanche le système de flexisécurité, expérimenté initialement au Danemark, qui à la fois facilite les ajustements de l'emploi et propose un revenu de remplacement élevé, est associé avec un très fort sentiment de sécurité.

Le système danois comporte trois volets. Tout d'abord, il permet une grande flexibilité dans l'embauche et le licenciement. Ensuite, il offre une indemnisation généreuse du chômage. Enfin, il comporte un volet formation et politiques actives de l'emploi, pour faciliter le retour des chômeurs vers l'emploi. Pendant la première année de chômage, la recherche d'un emploi est à la charge du chômeur, mais à partir de la deuxième année, celui-ci est tenu de suivre une formation pendant plus de 75 % du temps, et ce pendant au maximum trois ans, puisque, au terme des quatre années, l'individu, s'il n'a toujours pas trouvé de travail, réintègre le système de solidarité sociale.

Les vertus du système danois de flexisécurité ne sont certes pas une découverte. Ce système permet au Danemark d'améliorer la situation de l'emploi sur tous les plans : baisse efficace *et équitable* du taux de chômage et amélioration du rapport au travail.

La sécurité de l'emploi offerte par un droit social très rigide renforce les inégalités en reportant le risque d'emploi sur certaines catégories, en particulier les jeunes. Elle freine l'embauche par crainte des difficultés à licencier en cas de retournement conjoncturel ou d'échec d'un projet économique. Les rigidités réglementaires sur le marché du travail peuvent réduire les flux bruts d'emploi et la fluidité du marché du travail et ainsi abaisser le taux d'emploi. On observe d'ailleurs, parmi les pays industrialisés de l'OCDE, une corrélation négative entre le taux d'emploi et le niveau des rigidités, comme l'illustre le graphique 5.1. Et les personnes les plus pénalisées par une telle situation sont les entrants sur le marché du travail, notamment les jeunes,

Graphique 5.1. Rigidités réglementaires sur le marché du travail (LPE) et taux d'emploi. Pays de l'OCDE (en 2013)

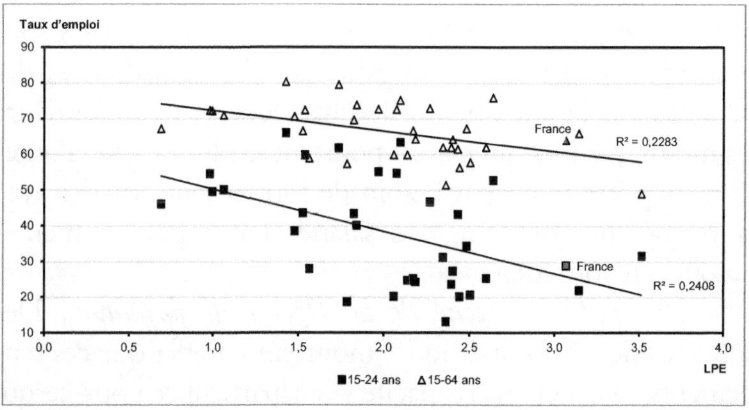

Source : OCDE.

Les rigidités réglementaires (LPE, pour législation protectrice de l'emploi) correspondent aux rigidités du licenciement pour les contrats à durée indéterminée et aux rigidités du recours au travail pour les contrats courts.

les salariés en place bénéficiant de la protection née des rigidités. Ainsi, se trouve renforcée la dualité du marché du travail, la France se caractérisant à la fois, parmi les pays de l'OCDE, par un fort niveau de rigidités et un faible niveau du taux d'emploi.

Un obstacle majeur à la mise en place d'une véritable flexisécurité en France est lié à la gouvernance très inefficace, pour ne pas dire désastreuse, de son système de formation professionnelle[3]. Le résultat est que la France dépense 32 milliards d'euros par an au titre de la formation professionnelle et que, cependant, 5 chômeurs sur 6 ne bénéficient d'aucune formation. Quelles sont les principales raisons qui expliquent une situation aussi décevante ? Les travaux récents mettent en avant :

– *De fortes inégalités dans l'accès à la formation.* Les personnes les moins employables, les salariés les moins qualifiés, les précaires ou les demandeurs d'emploi ont une probabilité bien plus faible de suivre des formations que les individus plus qualifiés et plus stables.

– *L'obligation de dépenser en formation professionnelle pour chaque entreprise* : sans autre obligation, les entreprises sont naturellement enclines à investir dans les compétences des salariés dont le potentiel est le plus élevé, et donc à exclure les moins qualifiés qui en ont pourtant le plus besoin. Toutes les entreprises n'ont pas besoin de former leurs salariés avec la même intensité, tous les salariés n'ont pas les mêmes besoins en formation.

– *Une faible efficacité de la dépense de formation.* Des travaux microéconométriques montrent en effet que ces rendements sont faibles. L'opacité – en particulier pour ce qui concerne la mutualisation des contributions des entreprises – explique la médiocrité du retour sur investissement, spécialement dans les entreprises à faible effectif où, contrairement à ce qui prévaut pour les plus grandes entreprises, la totalité ou une partie significative des contributions doit être mutualisée.

– *Le rôle actuel de la formation professionnelle dans le financement des organisations représentatives d'employeurs et syndicales de salariés**.

Par contraste, en Allemagne, plutôt que de recourir à l'obligation légale de formation, on donne des incitations fiscales directes aux employés pour suivre des programmes de formation. En outre, les employés reçoivent directement les subventions ou chèques formation de l'État et ensuite ils peuvent choisir quel programme de formation ils souhaitent financer avec ces fonds publics, autrement dit en Allemagne on fait jouer la concurrence entre les différents prestataires de formation.

Nous proposons de faire évoluer notre système de formation professionnelle vers un modèle similaire, ce qui appelle également une réforme du mode de financement des organisations représentatives patronales et syndicales.

Plusieurs aspects de l'Accord national interprofessionnel (ANI) conclu entre les partenaires sociaux le 14 décembre 2013 vont améliorer notre système de formation professionnelle. Évoquons-en quatre : tout d'abord, l'organisation d'un

* Nicolas Perruchot (2011), *Le Financement des syndicats*, rapport au Premier ministre, novembre, enregistré sous le n° 4186 le 18 janvier 2012 à l'Assemblée nationale. Les citations de ce paragraphe sont issues de ce rapport. Cette contribution se réalise de trois façons : i) la loi autorise les partenaires sociaux à récupérer 1,5 % des fonds prélevés auprès des entreprises. Avec une collecte de près de 7 milliards d'euros, les partenaires sociaux disposent ainsi d'environ 100 millions d'euros par an à leur discrétion ; ii) pour gérer les organismes paritaires de formation (OPCA), les partenaires sociaux font généralement appel à des personnes issues de leurs rangs. Notons d'ailleurs que les frais de gestion des OPCA sont considérables et représentent près de 700 millions d'euros ; iii) enfin, il faut inclure « les sommes reversées dans le cadre de la collecte des fonds de formation professionnelle, suspectées non sans raison d'alimenter des structures de formation pouvant dépendre d'organisations syndicales ou représentatives ». Tout cela favorise l'opacité des dépenses et le gaspillage, ainsi que le relevait la Cour des comptes dans son rapport de 2008.

entretien de compétence tous les deux ans et d'un bilan tous les six ans entre l'employeur et l'employé concernant la formation et le développement de la qualification des salariés constitue une toute première ébauche de la construction d'un droit de l'employabilité qui nous paraît indispensable ; en second lieu, l'ANI du 14 décembre donne une certaine consistance au compte personnel de formation, créé par le précédent ANI du 11 janvier 2013, et qui permettra la transférabilité des droits individuels à formation ; en outre, le fléchage accru des ressources des OPCA et de leur utilisation devrait renforcer la transparence dans la gestion de ces organismes ; enfin, l'augmentation des droits à formation des chômeurs est aussi une avancée à souligner[4].

Mais l'ambition de cet ANI reste limitée. De multiples questions, pointées par de nombreux rapports, n'y ont pas été réellement traitées. Par exemple, le compte individuel de formation (CIF) ne prévoit que 150 heures de formation sur neuf ans contre 120 heures de formation sur six ans actuellement. Croit-on vraiment qu'il s'agit là d'un saut qualitatif ? Autre exemple, le nouveau droit à formation ne privilégie pas les individus les moins employables alors que ce devrait être sa vocation essentielle. Par ailleurs, les OPCA vont continuer à collecter les fonds versés par les entreprises alors que l'on sait toutes les limites de ce mode de gestion de l'argent de la formation. Enfin, le dispositif retenu laisse une faible place à l'efficacité des dispositifs de formation et donc à l'évaluation et la certification des organismes qui la dispensent. Ces insuffisances, parmi d'autres, signifient qu'il sera inévitable d'envisager dans un proche avenir une nouvelle réforme de la formation professionnelle, plus ambitieuse[5].

Réformer le marché du travail

Les taux d'emploi de la population en âge de travailler sont en France particulièrement bas pour les jeunes et les seniors, et des actions doivent donc être ciblées sur ces deux populations. Par ailleurs, les aspects à réformer pour un meilleur fonctionnement du marché du travail demeurent encore nombreux. Enfin, la question de la dualité du marché du travail mérite une attention particulière.

Augmenter le taux d'emploi des jeunes

On a rappelé au chapitre 1 que le taux d'emploi de la population en âge de travailler est particulièrement bas pour les jeunes, et qu'il s'est fortement atténué sur les deux dernières décennies pour les seniors. Le haut taux d'emploi des jeunes observé dans les autres pays auxquels nous avons comparé la France s'explique en bonne partie par le cumul entre la poursuite d'études et l'occupation d'un emploi à temps réduit. Les analyses disponibles indiquent que, lorsqu'il s'agit d'emplois à temps réduit (dont la durée est inférieure à un mi-temps), un tel cumul n'est pas préjudiciable à la réussite des études. Des incitations à un tel cumul pourraient être déployées en France, *via* des exonérations partielles des contributions sociales employés et employeurs, en offrant aux jeunes concernés la possibilité de bénéficier au prorata de leur cumul emploi-études du régime de cotisations sociales des étudiants (les taux de cotisation seraient alors croissants avec la durée du travail). Ces exonérations, temporaires, seraient associées à une absence de droits acquis concernant les retraites ou l'indemnisation chômage. Le bénéfice de ces exonérations serait limité à un certain nombre d'années et pourrait être conditionné à la réussite aux examens. Le développement du cumul emploi-études pourrait aussi aboutir à des choix d'orientation plus qualifiants des jeunes accédant à l'enseignement supérieur.

Concilier la protection des travailleurs et l'efficacité économique[6]

Un point particulièrement positif à mettre au crédit du premier gouvernement de François Hollande est l'Accord national interprofessionnel (ANI) du 11 janvier 2013, déjà évoqué plus haut. La méthode utilisée pour aboutir à cet accord est conforme à la loi Larcher du 31 janvier 2007 qui transforme les partenaires sociaux en « prélégislateurs ». Elle consiste à organiser chaque année une conférence sociale entre les partenaires sociaux et l'État, permettant de dégager les domaines qui vont faire l'objet d'une négociation interprofessionnelle entre les partenaires sociaux, ces domaines étant explicités dans une feuille de route de ces négociations adressée par le gouvernement aux partenaires sociaux au terme de la conférence sociale. Les partenaires sociaux sont incités à aboutir de façon responsable à un ANI par la menace, en cas d'échec, d'une intervention législative unilatérale du gouvernement. En contrepartie, ce dernier s'engage, en cas de conclusion d'un ANI répondant au cahier des charges de la feuille de route, à en respecter le contenu dans sa transcription dans le Code du travail, ce qui peut l'obliger à quelques épreuves de force avec la majorité parlementaire.

L'ANI du 11 janvier 2013 est un succès, car il propose des avancées importantes, permettant d'élever à la fois protection des travailleurs et efficacité économique. Ces avancées sont nombreuses : la réduction des freins aux mobilités professionnelles, *via* la généralisation de la couverture santé complémentaire ; la transférabilité des droits à formation par la création du compte personnel de formation ; la création de droits rechargeables à l'assurance-chômage (article 3) ; la sécurisation d'un droit à mobilité ; la réduction de la dualité sur le marché du travail par la majoration des cotisations employeurs à l'assurance-chômage sur certains CDD courts et la baisse transitoire de ces mêmes cotisations en cas d'embauche d'un jeune en CDI ; l'encadrement du temps partiel (article 11) ; la réduction des risques juridiques associés aux licenciements collectifs ; la facilitation de la conciliation prud'homale (article 25) ; la représentation des salariés dans les organes de gouvernance, etc.

Cependant, tout cela ne représente encore qu'un premier pas au regard de ce qui reste à faire. Outre la question de la formation professionnelle, qui devra être reprise (*cf. supra*), on évoque ici quelques autres domaines de réforme.

– *Les conditions d'un développement de la syndicalisation* en France doivent être débattues : en effet le renforcement souhaitable du rôle de la négociation collective est bridé par un faible taux de syndicalisation en France, actuellement le plus faible (avec la Turquie) parmi tous les pays de l'OCDE. L'instauration du chèque syndical peut être une voie pertinente, parmi d'autres à envisager par les partenaires sociaux eux-mêmes. La question de *la représentativité des organisations patronales et celle corrélative du nombre de branches professionnelles* doit aussi être discutée sur le fond. L'existence en France de plus de 700 branches est un obstacle fort à un plus grand rôle de la négociation collective et les pays dans lesquels cette négociation joue un rôle important (par exemple l'Allemagne) en comptent généralement moins d'une centaine.

– *L'articulation entre les différents niveaux de normes dans le domaine du droit social.* Comparé à celui d'autres pays industrialisés, le droit social français se particularise par une forte intervention réglementaire et un faible espace laissé au droit conventionnel, pourtant seul à même d'élaborer les compromis locaux, dans les branches et surtout les entreprises, permettant de concilier la protection des travailleurs et l'efficacité économique. Cela suppose en particulier une réflexion des partenaires sociaux sur : 1) les limites de l'expression du droit dérogatoire, par accord collectif, aux obligations réglementaires ; 2) les composantes du contrat de travail afin de caractériser celles dont les modifications nécessitent l'accord individuel du salarié, celles dont les modifications peuvent être faites par accord collectif et leur possible amplitude, celles qui peuvent être modifiées par décision unilatérale du chef d'entreprise ; 3) les domaines dans lesquels la majorité requise pour qu'un accord d'entreprise ou un accord de branche soit valide doit être portée de 30 % à 50 % des suffrages aux précédentes élections professionnelles. Les domaines d'extension de l'espace décisionnel des accords collectifs sont potentiellement nombreux et profonds, et il revient à la négociation interprofessionnelle d'en définir les frontières. Ils peuvent par exemple inclure, pour les accords de branche, certaines des nombreuses obligations associées aux multiples seuils sociaux dont certaines études récentes montrent qu'ils brident souvent la croissance des PME[7].

– *L'éradication des freins institutionnels à la mobilité professionnelle et géographique des actifs.* En effet, ces freins à la mobilité sont un facteur d'augmentation du chômage structurel. Pour n'en citer que quelques-uns : 1) l'indemnité de fin de carrière – actuellement liée à l'ancienneté dans l'entreprise, cette indemnité est perdue par le salarié en cas de mobilité ; 2) la fiscalité des revenus locatifs – un salarié changeant de localisation et propriétaire de son logement antérieur sera imposé sur ses revenus locatifs alors même qu'il aura le loyer de son nouveau logement à payer ; 3) les logements sociaux – un salarié bénéficiant d'un logement social perdra ce bénéfice en cas de mobilité géographique et il devra s'inscrire dans une nouvelle longue file d'attente…

– *Le traitement plus efficace des litiges.* Comparée à d'autres pays, la France se caractérise par des durées de litiges très longues et par une grande insécurité des décisions de justice de première instance. Il faut savoir que plus de la moitié des décisions de première instance sont suivies d'une procédure d'appel, cette situation étant encouragée par le fait que dans plus de la moitié des cas, la décision en appel invalide au moins partiellement la décision de première instance. Ces caractéristiques dissuadent de nombreuses embauches, en particulier de la part des PME qui appréhendent les coûts financiers d'éventuels contentieux. Elles peuvent trouver des réponses, comme : i) l'instauration d'une étape de médiation ; ii) une étape de conciliation plus effective, avec, comme au Royaume-Uni, l'obligation effective de présence des parties et le fait que les juges de conciliation ne soient pas les mêmes que ceux de la première décision ; iii) la possibilité d'organiser par accord collectif de branche le recours à des traitements en première instance alternatifs aux prud'hommes, comme cela se fait dans d'autres pays pour les salariés d'un niveau de qualification ou de salaire élevé, par exemple en Belgique.

Réduire la dualité du marché du travail

Par rapport aux autres pays de l'OCDE, la France se caractérise par une forte dualité sur le marché du travail. Au départ, les contrats à durée déterminée (CDD) avaient été conçus pour pallier des besoins ponctuels et aléatoires de la part des entreprises, par exemple pour faire face à des pointes estivales ou pour remplacer des employées en congé maternité. Cependant, du fait des rigidités sur le marché du travail, ce dispositif s'est peu à peu transformé en mode normal d'embauche. Il faut savoir qu'actuellement près des quatre cinquièmes des embauches se fait en CDD. Cette situation a des effets très négatifs, notamment sur les jeunes qui cherchent à entrer dans la vie active. En particulier, le CDD rend plus difficile l'accès aux crédits bancaires ou encore l'acquisition d'un premier logement.

Certes, il y a eu des tentatives pour assouplir les contrats à durée indéterminée (CDI) de façon à encourager les entreprises à proposer ce type de contrats plutôt que les CDD. Par exemple, l'idée d'un Smic jeune s'inscrit dans cette démarche. Cependant, ces tentatives ont échoué, tout comme l'idée de simplement fusionner les CDI et les CDD en un seul contrat en modulant les droits conférés par le CDI en fonction de l'ancienneté dans le travail. Le problème est qu'une fusion décrétée d'en haut entre CDD et CDI *toutes choses égales par ailleurs, c'est-à-dire sans diminuer les rigidités sur le marché du travail* ne ferait qu'aggraver la dualité et augmenter le chômage, car cela rendrait les entreprises encore plus réticentes à embaucher. Par ailleurs, le contrat unique ignore des contraintes juridiques incontournables, en particulier celles qui obligent à une discontinuité au sein même des CDI, dans la motivation obligatoire de la rupture de contrat au bout d'une certaine ancienneté caractérisant la période d'essai et dont la durée maximale est désormais de six mois*.

La bonne approche selon nous est d'abord de mettre en place un système qui réconcilie flexibilité d'embauche et de licenciement pour les entreprises avec à la fois une sécurité de revenus et une formation professionnelle efficace pour les travailleurs – autrement dit, il faut introduire un véritable système de flexisécurité sur le marché du travail. Une fois que la flexisécurité aura été mise en place, il sera plus facile d'envisager sinon une fusion, tout au moins un rapprochement entre CDD et CDI car les entreprises hésiteront alors beaucoup moins à transformer l'un en l'autre puisque le CDI sera devenu beaucoup moins rigide.

Dans l'ANI du 11 janvier 2013, les partenaires sociaux ont proposé d'augmenter le taux de cotisations chômage patronales sur les CDD d'une durée inférieure à trois mois. Cette disposition a été reprise dans la loi du 14 juin 2013 transposant l'accord dans la loi. Une décision semblable de majoration du taux de cotisations chômage employeurs sur les CDD a été prise en 2012 en Italie.

Si l'on peut se féliciter des décisions récentes qui vont contribuer à dissuader certains usages abusifs des CDD, il

* Les exemples du contrat nouvelle embauche (CNE) et du contrat première embauche (CPE) sont à cet égard illustratifs des risques qu'il y a à ignorer de telles contraintes. Le CNE permettait aux entreprises de 20 salariés et moins le licenciement sans motivation les deux premières années suivant l'embauche. Instauré en 2005, il a été considéré par l'Organisation internationale du travail (OIT) en 2007 comme non conforme à la convention 158 de cette même organisation, convention ratifiée par la France en 1989. Il a pour cette raison été abrogé en février 2008. Le CPE transposait le principe du CNE pour l'ensemble des entreprises du secteur privé, mais pour la seule population des moins de 26 ans. Instauré en janvier 2006, ce dispositif fut retiré définitivement en avril de la même année suite à une importante mobilisation des jeunes. Pour les mêmes raisons que le CNE, le CPE se serait probablement révélé en contradiction avec le droit international.

faut aller beaucoup plus loin pour réduire la dualité sur le marché du travail. En particulier, on peut proposer d'ores et déjà[8] : 1) de majorer le taux de cotisation chômage sur les emplois précaires (CDD et intérim) ; 2) d'abaisser cette majoration quand le recours à l'emploi précaire est encadré par accord collectif. Cette disposition responsabiliserait les partenaires sociaux sur la question de l'emploi précaire en les amenant à discuter des besoins de l'entreprise et des attentes des salariés et, ce faisant, dynamiserait la négociation collective et favoriserait le développement du droit conventionnel.

Autre suggestion pertinente, celle qui consiste à préconiser que le taux de cotisations chômage employeurs soit pour chaque salarié dégressif avec son ancienneté dans l'entreprise[9]. Une forte dégressivité sur les courtes durées pourrait efficacement décourager le recours abusif à l'emploi précaire.

Lutter plus efficacement contre la pauvreté

Comment lutter efficacement contre la pauvreté ? Là encore, la réforme à la marge ne suffit pas, il faut faire le pari de la réforme systémique !

La lutte contre la pauvreté est l'un des domaines abordés avec de très nombreux *a priori*, ignorant les enseignements des analyses, ce qui aboutit à une organisation peu efficace par rapport aux objectifs déclarés (voir aussi à ce sujet le chapitre suivant). De nombreuses études réalisées sur la pauvreté indiquent que les deux principaux facteurs de pauvreté, y compris laborieuse, sont le faible nombre d'heures travaillées (temps partiel, périodes de chômage ou d'inactivité…) et les charges de famille. Le salaire horaire n'est qu'un faible indice de pauvreté laborieuse et, à ce titre, une augmentation du Smic est un moyen peu efficace pour réduire la pauvreté. L'existence d'un salaire minimum est cependant indispensable, à la fois pour définir une norme et pour compenser le faible pouvoir de négociation de nombreux salariés.

L'impôt négatif type RSA est un outil ciblé sur les situations de pauvreté et à ce titre approprié pour lutter contre la pauvreté. Cet outil est évidemment perfectible. On peut néanmoins trouver complexe la coexistence en France de deux impôts négatifs, le RSA (revenu de solidarité active) et la PPE (prime pour l'emploi), tous deux destinés à des publics peu qualifiés et souvent fragilisés. Une simplification est souhaitable, sans préjudice financier pour les populations concernées.

Le Smic

Parmi les différents éléments de diagnostic sur le Smic, outre ceux rappelés plus haut et en particulier l'inefficacité du Smic pour lutter contre la pauvreté, les suivants nous paraissent essentiels : 1) parmi tous les pays industrialisés où existe un salaire minimum, la France est celui dans lequel la revalorisation de ce salaire minimum est la plus réglementée et encadrée. Le rôle des partenaires sociaux est assez faible en ce domaine ; 2) contrairement au Smig (salaire minimum interprofessionnel garanti) auquel il a succédé en 1970, le Smic est le même sur tout le territoire français, alors que les prix sont très différents d'une région à une autre. Cette homogénéité géographique est source de fortes inégalités : le niveau de vie auquel peut prétendre un salarié au Smic n'est évidemment pas le même en région parisienne et dans d'autres régions ; 3) le niveau du Smic est le même, quel que soit l'âge des salariés. D'autres pays ont fait le choix d'un salaire minimum plus faible pour les jeunes, pour faciliter leur insertion sur le marché du travail ; 4) la France fait partie des pays où le ratio du salaire minimum au salaire médian est le plus élevé. Les effets préjudiciables à l'emploi et à la compétitivité d'un Smic élevé sont au moins en partie neutralisés par d'importants allégements de cotisations sociales, qui ont été maintenus ou amplifiés par tous les gouvernements successifs, de gauche comme de droite, depuis le début des années 1990. Le coût de ces allégements (environ 22 milliards d'euros) limite de fait les ressources disponibles pour mener des politiques de revenus ciblées et efficaces pour lutter contre la pauvreté, *via* par exemple le RSA, qui tient compte du revenu et des situations familiales ; 5) les salariés au Smic, et plus largement les actifs les moins qualifiés, bénéficient moins que les autres de formations qualifiantes et demeurent trop souvent durablement au Smic, sans perspective d'évolution salariale.

Trois axes de réforme nous paraissent souhaitables :

– *À court terme, un gel partiel du Smic*, similaire à celui pratiqué sur plusieurs années pour les pensions ou le traitement des agents de la fonction publique, serait une bonne chose.

– *À moyen terme, une réforme ambitieuse du Smic* doit être envisagée. Cette réforme ne doit exclure *a priori* aucun aspect : révision de fond de la règle de revalorisation automatique, régionalisation, différenciation selon l'âge… Les seuls critères à prendre en compte doivent être ceux de la lutte contre la pauvreté, de l'équité et des impacts économiques, en particulier sur la compétitivité et l'emploi. Les pratiques observées à l'étranger, par exemple dans les pays où les inégalités sont moins importantes qu'en France, doivent être mobilisées dans cette réflexion. Enfin, le rôle du groupe d'experts sur le Smic constitué en 2009 doit sans doute être élargi afin d'aider à la dépolitisation du sujet.

– La réforme envisagée de la formation professionnelle doit apporter des réponses concernant *la formation des salariés rémunérés au Smic, et plus globalement des actifs les moins qualifiés*. Au-delà, la négociation annuelle obligatoire devrait, dans chaque entreprise, inclure un volet spécifique concernant les salariés les moins qualifiés. Ce volet comporterait des dimensions salariales et de formation professionnelle. Tout en ouvrant des perspectives aux salariés les plus modestes, cette approche serait favorable à la compétitivité.

L'impôt négatif

Le RSA étant un outil efficace de lutte contre la pauvreté, nous proposons d'en doubler le budget, qui passerait ainsi approximativement de 10 à 20 milliards d'euros. Cette augmentation substantielle pourrait être financée *ex ante* par quatre canaux : 1) une réduction automatique des allégements de contributions sociales employeurs, du fait de la moindre revalorisation du Smic. Au total, cette économie s'élèverait à environ 1,5 milliard d'euros ; 2) une absorption de la PPE par le RSA, facilitée par la forte croissance de ce dernier. Cette absorption serait ainsi faite sans préjudice financier pour les bénéficiaires de ces transferts et un seul dispositif d'impôt négatif subsisterait donc en France dans la lutte contre la pauvreté. L'économie ainsi réalisée serait d'environ 2 milliards d'euros ; 3) une mobilisation des ressources du congé de libre choix d'activité (CLCA), qui disparaîtrait (*cf. supra*). Cette incitation à quitter leur activité professionnelle pour les parents de jeunes enfants serait ainsi transformée en incitation permettant au contraire de concilier celle-ci et les dépenses liées à la présence de jeunes enfants. Cette ressource représenterait environ 2 milliards d'euros ; 4) une dépense supplémentaire nette de 4,5 milliards d'euros pour les administrations publiques. Cette dépense nette serait financée par les effets favorables des autres réformes préconisées.

Dynamiser le marché des biens

Au chapitre 3, nous avons expliqué pourquoi les barrières à l'entrée et les réglementations ou pratiques anticoncurrentielles ont un impact négatif sur la croissance : elles pérennisent les productions ou technologies existantes en empêchant ou retardant l'entrée de nouvelles innovations, et elles permettent aux firmes en place de s'endormir sur leurs lauriers au lieu d'innover pour échapper à la concurrence. Par ailleurs, nous avons vu au chapitre 2 que davantage de dynamisme sur le marché des biens, et en particulier davantage de « destructions créatrices » (c'est-à-dire de remplacement d'anciennes activités par de nouvelles activités), allait de pair avec davantage de mobilité sociale. En résumé, dynamiser le marché des biens est un des moyens de générer de la « croissance inclusive ».

La France comparée aux autres pays de l'OCDE

Les graphiques 5.2 comparent le degré de réglementation anticoncurrentielle des marchés de biens en 1998 et en 2008 entre pays de l'OCDE. Plus l'indice est élevé, et plus les pouvoirs publics entravent la concurrence sur ce marché.

Il apparaît qu'en 1998 et en 2008, la France fait partie des pays dans lesquels le marché des biens connaît le niveau le plus élevé de réglementation anticompétitive. Elle est classée à la 22e place.

Graphiques 5.2. Indice de réglementation du marché des biens de l'OCDE

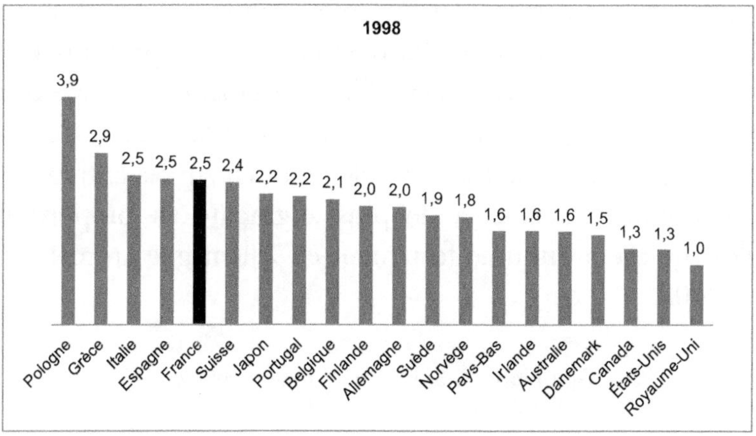

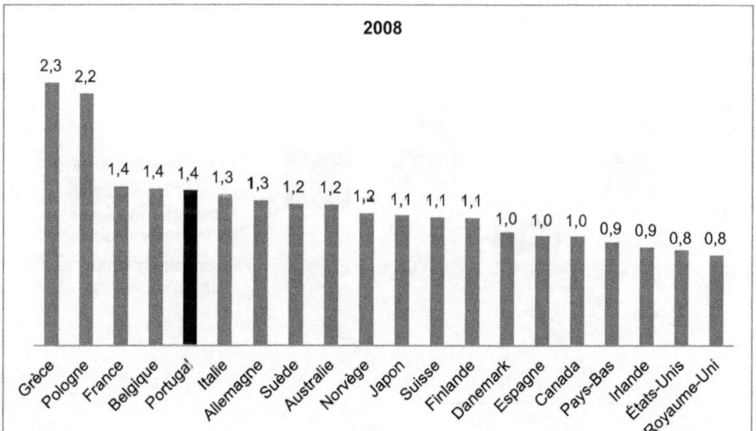

Source : OCDE.

Plus l'indice est élevé, plus le marché des biens est réglementé.

Les graphiques 5.3 comparent la France à trois de ses voisins européens (Italie, Royaume-Uni et Allemagne) pour la régulation des biens entre 1998 et 2008. Nous constatons qu'elle est au niveau de l'Italie et légèrement au-dessus de l'Allemagne en 1998, et qu'elle se rapproche en dix années du niveau du Royaume-Uni, qui reste le pays le plus libéral de l'OCDE. Cet indice est construit en agrégeant avec des pondérations identiques trois composantes : le contrôle de l'État sur les entreprises, les obstacles à l'entrepreneuriat et les obstacles aux échanges et à l'investissement. On s'aperçoit alors en regardant dans le détail que, pour la France, c'est la composante mesurant le contrôle de l'État sur les entreprises qui domine. Celle-ci a de plus augmenté en proportion alors qu'elle a diminué fortement en Allemagne entre 1998 et 2008.

Graphiques 5.3. Indice de réglementation du marché des biens de l'OCDE (détail en 1998 et 2008)

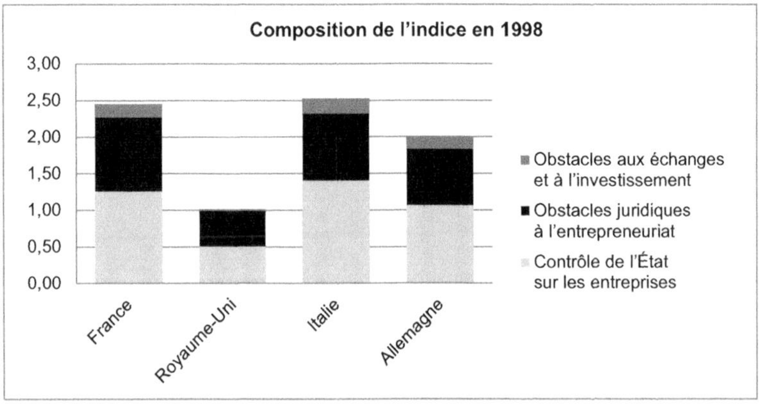

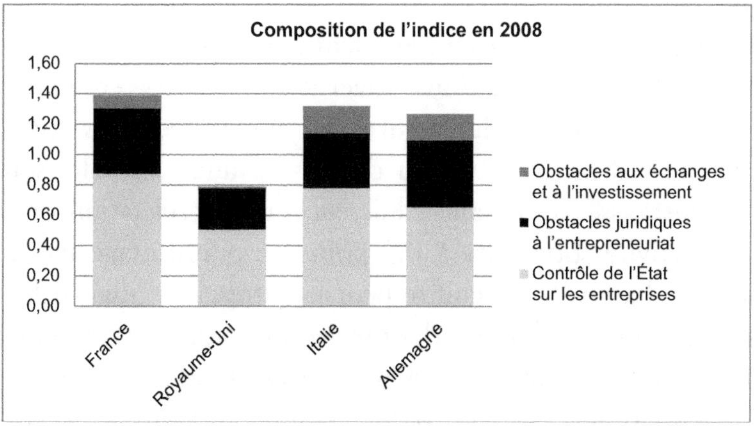

Source : OCDE.

Plus un indice est élevé, plus le marché des biens est réglementé.

Quelques secteurs où la concurrence demeure très insuffisante

Les réformes à engager pour accroître la concurrence sur le marché des biens en France sont bien connues et elles ont déjà été préconisées dans de nombreux rapports (par exemple le rapport Camdessus, notre rapport sur les leviers de la croissance ou encore le rapport Attali) et, récemment, par la Commission européenne dans ses recommandations à la France. Elles se traduisent en particulier par la réduction des barrières à l'entrée et autres protections, notamment dans les services professionnels et le commerce.

• *Les professions fermées*

Il est d'usage de railler les propositions de réformes visant à libéraliser les professions protégées, en invoquant par exemple le faible impact de croissance à attendre d'une plus grande ouverture de professions jusqu'ici étroitement réglementées (en particulier les chauffeurs de taxis, les vétérinaires, les coiffeurs, les pharmaciens, les architectes, les notaires, etc.[10]).

Différentes évaluations macroéconomiques indiquent qu'un abaissement des régulations anticompétitives sur le marché des biens au niveau des pays avancés où elles sont les plus basses aboutirait à lui seul à une accélération de la productivité supérieure à 0,5 point de pourcentage par an durant dix ans[11]. Ce chiffre peut paraître élevé, mais il faut souligner que l'adoption des meilleures pratiques correspond à un ensemble de réformes d'une très grande ampleur.

Mais, d'une part, les barrières anticompétitives de chacune de ces professions peuvent avoir des effets parfois non négligeables : concernant les seuls chauffeurs de taxis, on chiffre à plus de 50 000 postes les effets directs à attendre sur l'emploi d'une baisse des barrières à l'entrée dans cette profession[12], et les nombreux exemples de réformes en ce sens opérées dans d'autres lieux (par exemple en Nouvelle-Zélande à la fin des années 1980 ou à Dublin en 2000) montrent que ce chiffre paraît plausible[13]. Par ailleurs, les professions et activités concernées sont nombreuses, et leur ensemble aboutit à un effet global qui peut être considérable, surtout si l'on prend en compte les effets indirects évoqués plus haut.

Nous pensons que les barrières à l'entrée de nombreuses professions doivent être assouplies, et parfois totalement levées. Seules certaines professions médicales dont l'activité même aboutit à des dépenses publiques sociales devraient conserver un accès limité par un dispositif de *numerus clausus*. L'accès aux autres professions doit pouvoir être plus facile et viser à développer la concurrence et correspondre davantage aux besoins des utilisateurs et consommateurs. Ce changement doit être envisagé sans spoliation des intervenants actuels, qui ont parfois dû investir lourdement pour entrer dans ces professions, mais sans envisager non plus le rachat de leurs rentes, un tel rachat pouvant être très coûteux pour les finances publiques et peu justifiable sur le plan de la justice sociale. Les modalités de l'ouverture de chacune de ces professions sont spécifiques et il serait laborieux d'en proposer ici une revue systématique. Citons toutefois deux exemples qui ont défrayé récemment la chronique.

• *Chauffeurs de taxis et opticiens*

Chacun se souvient du krach du rapport Attali sur la dérégulation des taxis. Les 300 mesures pour libérer la croissance avaient buté sur une corporation prompte à emboliser le trafic et à faire reculer les élus. Paradoxalement, ce sont les économistes plus que les chauffeurs de taxis qui furent critiqués : comment pouvait-on croire qu'une telle mesure pouvait contribuer à libérer la croissance ? Depuis cette tentative malheureuse, au chapitre de la déréglementation des professions fermées, figure rituellement le chapitre « taxis ». Les économistes n'auraient-ils rien appris ?

En fait, l'analyse que nous rappelons plus haut reste valable, le besoin à couvrir est réel et le potentiel en emplois créés par la libéralisation de ce secteur d'activité reste significatif. Deux initiatives, l'une privée, l'autre publique, contribuent à rebattre les cartes à Paris. Autolib' – conçu pour dissuader les Parisiens de prendre leur véhicule particulier et pour limiter les émissions de gaz à effet de serre – est en train de se développer comme alternative au taxi. Par ailleurs, la location par Internet de véhicules développée par Uber ou LeCab, par exemple, contribue à changer la donne dans l'offre de taxis.

Les évolutions récentes de la réglementation concernant les taxis paraissent à cet égard bien timides. À la suite de la loi de développement et de modernisation des services touristiques de 2009, les véhicules de tourisme avec chauffeur (VTC) – qui peuvent concurrencer les taxis pour des courses commandées à l'avance – ne sont formellement plus contingentés. Cependant, leurs autorisations ne sont délivrées par la préfecture qu'après examen par une commission où siègent les représentants des chauffeurs de taxis. À la suite d'un mouvement social corporatiste des taxis en janvier 2013, des décrets publiés le 31 juillet 2013 et un arrêté du 25 octobre 2013 rendent plus contraignantes les conditions d'exercice des VTC : les chauffeurs doivent détenir un diplôme de prévention et secours civique et, à partir du 1er janvier 2014, justifier d'une formation continue. Par ailleurs, un délai de quinze minutes minimum sera obligatoire entre la réservation de la course et la prise en charge. On trouve ici l'exemple type du renoncement à une réforme structurelle utile, entraîné par un mouvement corporatiste et au mépris de l'intérêt général et des usagers.

Un autre épisode récent illustre la vertu subversive contre les professions fermées de l'Internet et les palinodies du gouvernement face à la mobilisation de la corporation menacée. La France présente une caractéristique singulière : la densité des boutiques d'opticien est deux fois supérieure à celle de nos voisins européens et le prix des prestations de ces officines est, selon les sources, entre 50 et 100 % plus élevé en France que dans les pays européens voisins. La raison en est simple : les mutuelles garantissant le remboursement d'une paire de lunettes par an, les opticiens profitent de cette disposition pour maximiser leur rente. L'opportunité était trop belle pour être négligée par les entrepreneurs du

Graphique 5.4. Comparaison de la réglementation en France et en Allemagne en 2007 sur plusieurs secteurs

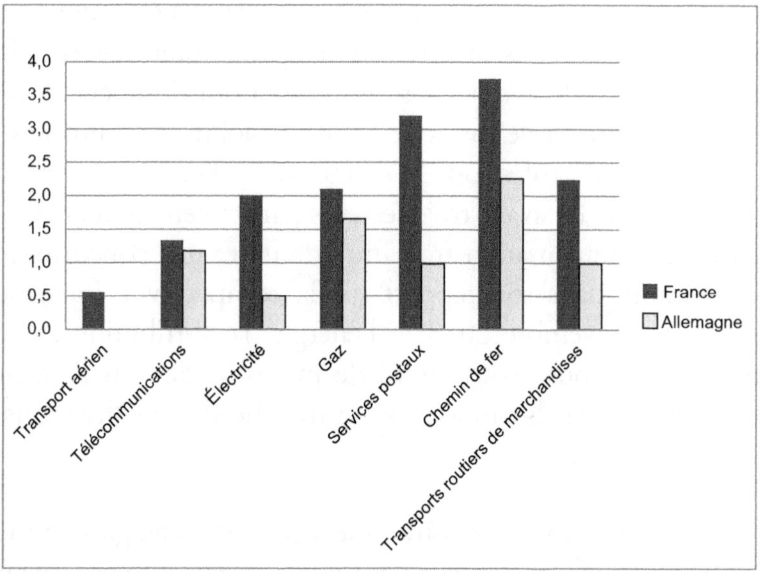

Source : OCDE.

Plus un indice est élevé, plus le marché des biens est réglementé dans ce secteur.

commerce électronique. Une première percée a été réussie dans les lentilles de contact par une entreprise française obligée de se délocaliser. La deuxième est ouverte par la récente loi Hamon* permettant la création de boutiques optiques en ligne. Cette initiative est entravée pour deux raisons : la première est que seuls les opticiens diplômés peuvent exercer ce

* Signalons que la loi Hamon sur le commerce introduit par ailleurs des changements utiles pour le développement d'une saine concurrence et pour le renforcement de la protection du consommateur. Citons à cet égard diverses dispositions : la création d'une action de groupe, qui ouvre aux consommateurs une voie de recours collectif pour obtenir réparation de préjudices liés par exemple à des pratiques abusives ; la création d'un registre national des crédits aux particuliers, afin de limiter les situations de multicrédits aboutissant à des situations de surendettement ; la facilitation de la résiliation des contrats d'assurance…

métier, la seconde est que les ophtalmologues prescripteurs ne fournissent pas toute l'information nécessaire pour fabriquer à distance des lunettes (écart interpupillaire nécessaire). Le gouvernement, dans un premier temps, a voulu favoriser la concurrence ; depuis il est soumis, au nom d'impératifs de santé publique, à de fortes pressions du lobby des opticiens !

Outre les professions réglementées dans les services, l'OCDE met en avant trois secteurs particulièrement affectés par une réglementation trop importante et une concurrence insuffisante dans son rapport sur la compétitivité française publié en novembre 2013[14] : l'énergie, la distribution et les transports. Nous avons choisi de mettre ci-dessous l'accent sur l'énergie, la distribution et le marché des médicaments.

• *L'énergie*

L'OCDE mentionne souvent le secteur de l'énergie comme un domaine où les obstacles persistants à la concurrence valent à la France un bonnet d'âne. En 2008, comme indiqué sur le graphique 5.5, l'indicateur de régulation du secteur énergétique en France est 4 fois supérieur à celui de l'Allemagne. Ce résultat ne manque pas de surprendre : comment les ménages français peuvent-ils payer leur électricité deux fois moins cher que les ménages allemands et être accablés par des pratiques monopolistiques ? Le poids du nucléaire dans le mix énergétique français et à l'inverse le poids des taxes finançant les énergies renouvelables en Allemagne est une première explication aux moindres prix français.

Le tableau 5.1 suivant fournit une autre explication de ce paradoxe. Lorsque les Français ont la liberté de choisir la concurrence, ils choisissent la servitude volontaire de la fourniture auprès de l'ex-monopole. Ainsi, pour favoriser la concurrence, l'État français oblige l'opérateur nucléaire EDF à partager sa rente avec ses concurrents.

Tableau 5.1. Situation du marché de l'énergie en 2012

	Particuliers	**Entreprises**
Nombre de sites	30 667 000	4 921 000
Sites aux tarifs réglementés (fournisseur historique)	28 756 000	4 235 000
Sites en offre de marché (fournisseurs alternatifs et historiques)	1 921 000	693 000
Parts de marché des fournisseurs alternatifs (%)	6,2	7,5

Source : chiffres de la Commission de régulation de l'énergie.

Pour tenter de libéraliser davantage le secteur de l'énergie, la loi NOME (nouvelle organisation du marché de l'énergie) a été mise en place en 2010. Cette loi oblige EDF à vendre une partie de sa production nucléaire à ses concurrents à un tarif réglementé et fixé par la Commission de réglementation de l'énergie. De cette façon, ces derniers peuvent profiter de l'avantage compétitif du parc nucléaire largement amorti.

Les directives européennes prévoient à présent que l'État doit cesser de fixer les prix réglementés afin que s'instaure une vraie concurrence. Mais le caractère illusoire d'une liberté qui loin de faire baisser les prix ne peut empêcher leur hausse illustre les spécificités d'un secteur où les prix sont durablement orientés à la hausse à cause des subventions au renouvelable, du renchérissement de la production de l'électricité quelle que soit sa source, et du coût des nouvelles infrastructures de transport et de distribution. Quand la part des taxes, des matières premières, des coûts de transport (en monopole naturel) excèdent de beaucoup le coût de production par un opérateur, la notion de concurrence devient toute relative.

La régulation et la concurrence même dans un tel secteur ne sont pas vaines pour autant. D'une part parce que les directives européennes ont forcé l'opérateur dominant à procéder à une désintégration verticale qui a permis de révéler les coûts de chaque segment de la chaîne de valeur de fourniture de l'électricité. D'autre part, parce que les appels d'offres pour les nouvelles capacités ont permis à de nouveaux acteurs d'entrer sur le marché et de concurrencer EDF. Enfin parce que les engagements pris en matière d'énergies renouvelables et de maîtrise de l'énergie ont permis une réelle diversification de l'offre et une solvabilisation de la demande par la puissance publique. Ainsi, même si nous considérons que certaines fixations de l'OCDE sur les dimensions formelles de la concurrence sont mal inspirées, l'orientation en faveur de la concurrence reste pleinement justifiée.

• *La distribution*

Le secteur du commerce de détail est également marqué par une très forte régulation caractérisée par un empilement de lois parfois contradictoires. La France apparaît ainsi comme l'un des pays de l'OCDE où le degré de réglementation de ce secteur est le plus élevé, tant en 1998 qu'en 2008 (graphiques 5.5). Ce secteur est de surcroît très concentré avec une situation oligopolistique dans laquelle une poignée d'acteurs se partagent 70 % du marché, alors que ce secteur n'a pas vocation à bénéficier d'une situation de monopole naturel.

L'objectif déclaré du cadre réglementaire mis en place dans ce secteur était de rééquilibrer les relations entre fournisseurs, composés presque essentiellement de PME, et les distributeurs qui sont regroupés en centrales d'achat très puissantes.

Graphiques 5.5. Indice de réglementation du secteur de la distribution dans les pays de l'OCDE en 1998 et 2008

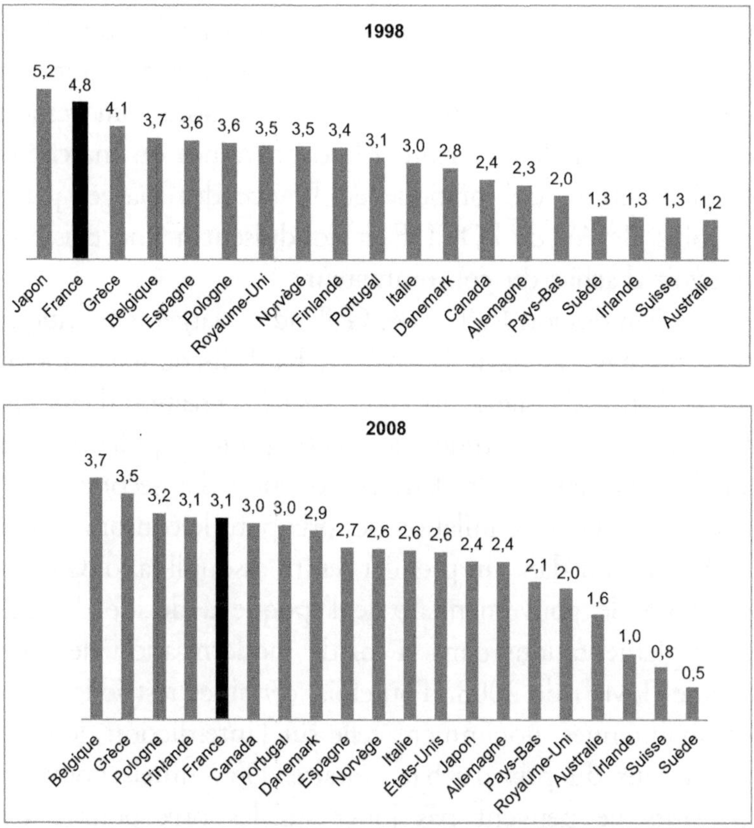

Source : OCDE.
Plus un indice est élevé, plus le marché des biens est réglementé.

Ainsi, les fournisseurs ne peuvent pas discriminer en prix parmi les distributeurs et les distributeurs ne peuvent pas vendre au-dessous du prix d'achat unitaire (loi Galland de 1996). D'un autre côté, d'importantes barrières à l'entrée ont été renforcées par des restrictions sur l'implantation de grandes surfaces. En effet, en 1996, la loi Raffarin soumet à une commission départementale les demandes d'ouverture de tout magasin d'une surface supérieure à 300 m² dans le but de soutenir le petit commerce. Les procédures pour obtenir une telle autorisation sont très lourdes et la commission est composée en partie de représentants des professionnels, ce qui a donc constitué une barrière à l'entrée importante. Ces deux types de restrictions à un marché libre sont responsables de la faible ouverture à la concurrence du marché de la distribution, qui pratique en France des marges parmi les plus élevées de l'OCDE et conduisent à une baisse de pouvoir d'achat du consommateur.

Le bilan des lois Raffarin et Galland est largement critiqué. Si la première a contré l'arrivée de hard-discounters, notamment allemands, elle a surtout empêché la création d'emplois. En dix années, on estime que 50 000 postes supplémentaires auraient pu être créés dans ce secteur[15]. La seconde est à l'origine d'une forte inflation des prix pour le consommateur.

Après avoir dans un premier temps assoupli la loi Galland en 2005, le gouvernement de l'époque a décidé d'alléger ces réglementations dans la loi de modernisation de l'économie (LME) de 2008. Toutefois, certaines restrictions ont été maintenues, notamment celle sur l'interdiction de vente en dessous du prix d'achat unitaire. D'éventuels nouveaux arrivants ne peuvent pas jouer sur les prix pour tenter de conquérir des parts de marché, le secteur reste encore aujourd'hui trop fermé.

Les réformes à engager dans ce secteur pour y réduire les réglementations non concurrentielles sont multiples. Évoquons les autorisations d'implantations des grandes surfaces, des hard-discounters, mais aussi les commerces à entrée jusqu'ici réglementée (hôtels, etc.) : celles-ci pourraient être désormais soumises à appel d'offres pour des durées longues, mais non permanentes, les décisions étant prises par des commissions mixtes (État, élus et consommateurs) sur la base de seules considérations concurrentielles. Par ailleurs les restrictions de ventes de produits dans les commerces ne devraient désormais avoir pour seule justification que des considérations de santé publique. Ainsi, la vente de tous les produits médicaux vendus sans ordonnance pourrait être autorisée dans les commerces au-delà des seules pharmacies. Le gain de telles réformes pourrait être à la fois une plus forte croissance, une amélioration de la compétitivité et simultanément du pouvoir d'achat des ménages. La récente loi Hamon va dans ce sens pour les seuls tests de grossesse.

• *Les médicaments*

En France, le médicament constitue un poste de dépense d'un montant de 35 milliards d'euros (chiffres de 2011). Du fait de la politique de la Sécurité sociale et de remboursement d'une partie des dépenses de santé, la demande en médicaments est très peu sensible à une variation du prix, ce qui a conduit les politiques à réguler le secteur au niveau de l'offre.

Il existe en France deux grands types de médicaments vendus aux particuliers. D'un côté, les médicaments remboursables dont le prix et la vente sont contrôlés de façon stricte. Ils font l'objet d'une convention entre le laboratoire et le Comité économique des produits de la santé (CEPS), qui détermine à la fois le prix à la vente, son évolution et les marges des différents acteurs dans la distribution. D'un autre côté, un certain nombre de médicaments non remboursables ont un prix qui n'est soumis à aucune règle particulière et qui subit la loi de l'offre et de la demande. Les médicaments remboursables constituent la majorité des dépenses avec une proportion de 66 % en 2010, même si celle-ci est en baisse. Cette situation unique dans l'OCDE a des effets très visibles sur les prix et sur la consommation, qui est la plus élevée des pays européens (consommation par habitant).

L'évolution du prix des médicaments en France suit ainsi deux dynamiques bien distinctes. Les données OCDE montrent que l'indice de consommation des médicaments non remboursables augmente de façon importante depuis 2000 (+ 40 %), soit deux fois plus vite que l'inflation (+ 20 %). Cette augmentation se fait surtout par à-coups (en 2006 et en 2008), qui correspondent à de grandes vagues de déremboursement : des médicaments sont passés du statut de remboursables à non remboursables (d'où l'augmentation de l'indice des médicaments non remboursables) et par ailleurs les médicaments non remboursables ont vu leur prix augmenter.

À l'inverse, le prix brut des médicaments remboursables, c'est-à-dire le prix avant remboursement par la Sécurité sociale, a baissé de près de 20 % en dix ans, avant tout grâce à une volonté politique de développer la part du médicament générique. À partir de 2002, les médecins se sont engagés à prescrire de plus en plus souvent la molécule plutôt que le nom du médicament, ce qui laisse la possibilité au pharmacien de proposer plusieurs choix au consommateur. Fin 2010, la part du générique dans les médicaments remboursables avait atteint 24 %.

Cependant, les médicaments génériques, dont les prix sont fixés à – 60 % de ceux des princeps (médicaments d'origine dont sont issus les génériques), demeurent plus chers en France que chez nos voisins européens*.

* Le but est que le montant du remboursement final ainsi que la marge du distributeur soient les mêmes pour le princeps et pour le générique. Ainsi, le pharmacien est incité à vendre des médicaments génériques, ce qui favorise une recherche plus active des laboratoires pharmaceutiques. Le problème est que ce n'est pas tant sur les génériques que sur les princeps que l'innovation devrait être encouragée.

Par ailleurs, des entraves à la concurrence ont été dénoncées à la fois par l'Autorité de la concurrence et par la Commission européenne. Il y a d'abord le fait que l'État français bloque l'accès au capital des officines des non-pharmaciens. En outre, trois types d'attitudes sont dénoncés et ont fait l'objet de condamnations par l'Union européenne ou par l'Autorité de la concurrence. Tout d'abord le dénigrement qui consiste à véhiculer une image négative des médicaments génériques. Ensuite la diffusion d'informations erronées à l'office des brevets de façon à obtenir une prolongation de la durée de protection du princeps, c'est-à-dire de la durée avant laquelle le brevet tombe dans le domaine public et où les génériques peuvent apparaître. Enfin certains laboratoires de princeps rémunèrent les fabricants de médicaments génériques dans le but d'acheter un délai supplémentaire. La méthode de négociation des prix entre le CEPS et les laboratoires pharmaceutiques est particulièrement propice à des ententes illégales entre les fabricants, qui peuvent facilement se mettre d'accord pour gonfler artificiellement certains coûts dans le but d'élever le prix de vente.

Les résultats de la mise en accès libre de médicaments sans ordonnance dans les pharmacies sont décevants. En effet, l'absence de communication sur le prix des médicaments fait que ceux-ci varient du simple au quadruple selon les officines. De plus, la plupart des pharmaciens ont décidé d'utiliser cet espace pour vendre des produits de pharmacie qui ne sont pas des médicaments. Enfin l'autorité de la concurrence s'interroge sur le monopole des pharmaciens dans la distribution de médicaments. En Europe, il n'existe que trois pays (France, Belgique et Espagne) qui interdisent la vente de médicaments sans ordonnance hors des officines.

Pour une nouvelle politique industrielle

Au sortir de la Seconde Guerre mondiale, de nombreux pays ont engagé des politiques dites « industrielles » dans le but de promouvoir de nouvelles industries et de protéger les activités domestiques renaissantes contre la compétition étrangère de pays plus avancés. En particulier en Europe et en France, des politiques de subventions ont vu le jour, ciblant certaines industries ou certains « champions nationaux ». Jusqu'à la fin des années 1970, ces politiques ont été assez peu controversées, d'autant que les pays qui les mettaient en œuvre connaissaient des taux de croissance relativement élevés. Cependant, le ralentissement économique dans les années 1970 a jeté le doute sur le rôle de la politique industrielle dans le processus du développement économique. Était critiqué en particulier le pouvoir qu'elle conférait aux gouvernements de choisir « gagnants » et « perdants » de manière arbitraire, et de favoriser l'émergence de groupes de pression industriels.

Dans le débat pour ou contre la politique industrielle, on trouve d'un côté ceux qui prônent un colbertisme décomplexé (comme le fait notre ministre de l'Industrie) : on parle de 34 secteurs à subventionner, on privilégie le soutien aux grands champions nationaux et on recommande des politiques de filières dans chaque secteur. À l'autre extrême, il y a ceux qui s'opposent à toute idée de ciblage sectoriel : l'État devrait se contenter d'une politique de ciblage horizontal, autrement dit subventionner l'éducation, la recherche, l'achat d'équipements innovants, mais sans privilégier un secteur particulier. Notre réponse (*cf.* chapitre 2) se situe à mi-chemin entre ces deux extrêmes : tout d'abord, nous pensons qu'il ne faut pas mettre une croix sur l'idée du ciblage vertical même si d'aucuns ont raison de privilégier le ciblage horizontal ; ensuite et surtout, il faut réformer la politique sectorielle pour la rendre plus pro-concurrence et pro-innovation.

Stimuler l'innovation verte et la transition énergétique

Plutôt que de sortir 34 secteurs du chapeau, nous croyons davantage dans l'approche qui consiste à sélectionner un petit nombre de grands secteurs sur la base de critères objectifs tels que leur potentiel de croissance. En particulier, on a pu montrer que des aides ciblant des secteurs à forte concentration de main-d'œuvre qualifiée stimulent davantage la croissance[16].

Un autre critère, étroitement relié au précédent, est celui de la contribution potentielle du secteur à la croissance de l'économie dans son ensemble (on parle en jargon économique d'« externalités technologiques »). Ainsi, un premier domaine où l'intervention sectorielle s'impose naturellement est celui des énergies renouvelables et de l'environnement. Outre les externalités environnementales (une firme individuelle ne prend pas en compte les effets de son activité de production sur l'environnement et le climat), il y a une « dépendance historique » (en anglais *path-dependence*) dans le processus d'innovation technologique. Plus précisément, des entreprises ou individus qui ont innové dans les technologies polluantes dans le passé tendent à innover dans ces mêmes technologies dans le futur.

Une étude récente[17] utilise une base de données internationale (*cross-country*) sur les brevets dans l'industrie de l'automobile afin d'établir la dépendance historique (*path-dependence*) qui caractérise les innovations propres et sales. Cette étude montre que si le prix du pétrole augmente (par exemple, à la suite d'une augmentation de la taxe carbone), les entreprises redirigent leurs innovations vers des brevets propres. En outre, la propension à innover de manière propre est positivement corrélée avec les stocks d'innovations propres déjà détenus, mais négativement corrélée avec les stocks d'innovations sales déjà détenus. En d'autres termes, on observe bien un effet de *path-dependence* dans les activités innovantes des entreprises, puisque des entreprises qui ont précédemment investi dans des technologies pour les moteurs à combustion continuent d'investir dans ces technologies dans le futur, et inversement pour les entreprises qui ont investi dans des technologies pour les moteurs électriques.

L'effet de *path-dependence* dans l'innovation, couplé au fait que les entreprises ont jusqu'à présent investi principalement dans des innovations « sales », implique qu'en l'absence d'intervention gouvernementale, nos économies tendent à générer trop d'inventions « sales ». C'est ainsi que nous avons pu montrer que l'équilibre d'une économie en « laisser-faire » est susceptible de conduire à des désastres environnementaux[18]. Il est au contraire souhaitable que le gouvernement intervienne pour rediriger le progrès technologique vers les inventions propres. En fait, la politique optimale pour combattre le changement climatique est de combiner une taxe carbone et une politique de subvention des innovations propres.

Par ailleurs, sur le plan énergétique, il est inutile de s'engager à fermer des sites nucléaires au nom d'alliances électorales. Ces fermetures ne doivent être décidées que sur la base de diagnostics : 1) techniques, concernant la sûreté des sites, cette question devant intervenir sans aucune concession ;

2) économiques, concernant la rentabilité à moyen et long terme de chaque site.

Il faut aussi s'engager résolument dans une évaluation des potentialités en termes de gaz de schiste : évaluation des gisements, recherche de technologies les moins dommageables pour l'environnement. L'engagement résolu de l'exploitation sous certains critères explicites doit être envisagé en France, comme c'est le cas dans d'autres pays dont récemment le Royaume-Uni. Si des potentialités s'avèrent effectives, leur exploitation apportera une contribution bienvenue à la baisse des déséquilibres : 1) extérieurs, à la fois par la baisse des importations de gaz et la baisse du coût de l'énergie pour les entreprises ; 2) publics, car le sous-sol est, en France, propriété publique, contrairement à d'autres pays comme les États-Unis ; 3) du marché du travail, par les emplois directs que cette exploitation entraînerait, outre les gains liés à l'amélioration de la compétitivité.

De façon discrétionnaire, les pouvoirs publics pourraient décider de l'utilisation des ressources qui seraient apportées par cette exploitation du gaz de schiste entre trois destinations : 1) l'amélioration de la situation des finances publiques ; 2) des gains de compétitivité *via* la baisse du coût de l'énergie consommée par les entreprises ou des mesures fiscales les concernant ; 3) une amélioration du pouvoir d'achat des ménages, qui pourrait d'ailleurs être plus ou moins ciblée sur les plus pauvres ou les seuls salariés, par des mesures fiscales.

L'aide sectorielle contrecarre l'existence de contraintes de crédit

Une seconde justification pour des interventions sectorielles est l'existence de contraintes de crédit qui peuvent entraver la réallocation du capital vers les secteurs à fort potentiel de croissance. Pour tester cette hypothèse, nous nous sommes concentrés sur les pays de l'UE15 pendant la période 1992-2008[19]. Nos données proviennent principalement de l'OCDE et du Scoreboard européen sur les aides d'État de la Direction générale de la concurrence. Les auteurs montrent que plus le niveau de développement financier est faible (autrement dit, plus les contraintes de crédit sont fortes), plus la corrélation est élevée entre aide d'État au secteur et ses performances en matière d'innovation et d'exportation.

Améliorer la gouvernance de l'aide sectorielle

Jusqu'à présent, nous nous sommes concentrés sur les critères de sélection des secteurs pour une politique industrielle qui soit génératrice de croissance. Mais, au chapitre 2, nous avions également évoqué la nécessité de repenser la gouvernance de la politique industrielle. Une objection majeure à l'encontre de la politique industrielle, on l'a vu plus haut, est qu'elle donne la possibilité aux gouvernements de sélectionner de manière arbitraire leurs « champions » dans chaque secteur. Cette critique perd de son sens lorsque l'aide d'État est allouée à un niveau plus décentralisé. En particulier, si les aides sectorielles sont décidées par les régions et non pas uniquement au niveau national (comme c'est le cas en Allemagne), il en résulte que davantage d'entreprises reçoivent des aides dans chaque secteur. Ainsi, on observe qu'un système d'aide sectorielle plus décentralisé est également plus efficace en termes de compétitivité à l'exportation et en termes d'activité innovante[20].

Contrairement à l'approche dominante, qui est également celle de la Commission européenne, nous soutenons ici l'idée que la politique sectorielle peut être réconciliée avec une politique de concurrence. En particulier, on constate à partir de données chinoises que plus la concurrence dans le secteur recevant l'aide de l'État est élevée, plus cette aide est de nature à stimuler l'innovation et la croissance dans ce secteur[21].

On s'aperçoit aussi qu'une aide sectorielle a des effets positifs plus élevés sur l'innovation et la croissance de la PGF (productivité globale des facteurs) si cette aide est moins concentrée, autrement dit si elle ne privilégie pas une ou quelques entreprises dans le secteur. Au contraire, il faut aider tout le monde, y compris les entrants potentiels dans le secteur concerné, afin de préserver, voire d'accroître, la concurrence dans le secteur.

En résumé, plutôt que de s'accrocher aux principes passéistes de l'État interventionniste ou au contraire à une opposition systématique à tout ciblage sectoriel, nous proposons une refonte des politiques industrielles française et européenne qui permette de les réconcilier avec les exigences d'une économie de l'innovation. Cela implique à la fois de réexaminer les critères de sélection des secteurs, et également de repenser la gouvernance des subventions sectorielles, en particulier pour les rendre plus compatibles avec la concurrence, force motrice de l'innovation.

*

Nombre d'idées et de propositions de réformes avancées ici l'ont été à de multiples reprises et dans de nombreux rapports. Certains gouvernements de bonne foi ont même paru tentés de suivre ces recommandations, avant de buter sur les réalités : oppositions syndicales, pression des lobbies, voire censure de la rue. Est-ce à dire que les experts ont raison et que les politiques cèdent trop facilement ? La réponse n'est pas si simple pour trois raisons sur lesquelles il faut revenir. D'une part, les réformateurs de l'OCDE ou de la Commission européenne peuvent eux aussi se tromper, comme l'illustre en partie le cas de l'énergie ; ensuite, la réforme emprunte parfois des canaux tortueux ou contre-intuitifs et l'État, dans ces cas-là, doit saisir les opportunités technologiques pour défaire les normes malthusiennes ; enfin, les adaptations spontanées des entreprises en situation de crise peuvent aggraver la dualisation du marché du travail, obligeant l'État à reréglementer. La solution passe donc par l'acceptation des logiques propres à une économie de l'innovation, par la construction de coalitions de réformistes, seules à même de s'attaquer aux rentes et à promouvoir une véritable « flexisécurité ».

CHAPITRE 6

Quelle réforme fiscale ?

Le grand soir fiscal est à l'horizon de tous les réformateurs. Peut-on rêver meilleure arme d'action que l'impôt pour satisfaire des objectifs aussi contradictoires que l'efficacité économique, l'équité sociale et un bon rendement pour l'État ?

Sauf que les Français n'ont pas la même perception que l'État du système et par conséquent des réformes qu'il convient de mettre en œuvre. Comment faire quand ils pensent qu'on ne taxe pas le capital, qu'on surtaxe la consommation et que l'impôt sur le revenu pèse sur les classes moyennes inférieures alors que c'est l'inverse qui est vrai ?

Le problème s'aggrave quand il faut envisager la transition de l'État existant vers l'État souhaité avec son cortège de victimes bruyantes et de bénéficiaires ingrats. Là aussi, tout changement dans l'architecture des impôts modifie les équilibres redistributifs. Or on le sait, quand les bénéficiaires sont atomisés mais que les perdants sont organisés, la protestation s'organise, même à taux de prélèvement constant.

Le problème devient insoluble quand les marges de manœuvre sont absentes et que les groupes de pression gardent l'arme au pied. Sans possibilité de réduire le nombre des perdants, il est en effet difficile de réformer. La réduction de la dépense publique, à l'inverse, ouvre le champ des possibles.

Pourtant l'accord est assez large pour réformer un système fiscal perçu comme inégalitaire, opaque, instable et mité.

Pourquoi réformer la fiscalité française ?

Le tableau 6.1, construit à partir des données Eurostat, compare la France avec ses voisins rhénans et scandinaves sur trois dimensions. Tout d'abord, le niveau des inégalités de revenus après impôt, mesuré par l'indice de Gini (première

Tableau 6.1. Quelques données comparatives

Pays	Indice de Gini sur les revenus des ménages après impôts (chiffres de 2012)	Dette publique en proportion du PIB (chiffres de 2012, en %)	Croissance annuelle moyenne de la productivité entre 2003 et 2012 (en %)
France	0,305	90,2	0,70
Danemark	0,281	45,4	0,90
Suède	0,249	38,2	1,49
Norvège	0,226	28,8	0,13
Allemagne	0,281	45,4	0,90
Pays-Bas	0,283	81	0,96

Source : Eurostat.

colonne du tableau*) : on voit que la France est la plus inégalitaire au sein de ce groupe de comparaison. Ensuite, la dette publique en pourcentage du PIB (deuxième colonne) : la France décroche la palme avec une dette s'élevant à 90,2 % du PIB. Enfin, le taux de croissance de la productivité en moyenne sur les dix dernières années (troisième colonne) : la France arrive avant-dernière avec un taux de croissance moyen de 0,7 %. Au total, ce tableau confirme le triple défi que nous nous sommes fixé au chapitre 3 : augmenter la croissance de notre productivité tout en réduisant à la fois les déséquilibres de nos finances publiques et le niveau des inégalités.

La fiscalité est un outil essentiel pour atteindre ces objectifs, même si elle doit opérer en synergie avec d'autres leviers analysés dans les chapitres précédents, à savoir la réorganisation du système de dépenses publiques, les réformes structurelles pour dynamiser les marchés des biens et du travail et pour améliorer les performances de nos universités, et une lutte plus efficace et moins idéologique contre les trappes à pauvreté.

Idéalement, pour atteindre le triple objectif de stimuler l'innovation, réduire la dette publique et corriger les inégalités, on souhaiterait converger vers une fiscalité qui soit à la fois redistributive, efficace (c'est-à-dire avec un bon rendement de l'impôt) et qui, en même temps, ne décourage pas l'innovation et donc la croissance. Or, comme nous allons le montrer plus loin, il se trouve que les systèmes fiscaux en vigueur chez nos voisins rhénans et scandinaves

---

* Rappelons que l'indice de Gini déjà évoqué au chapitre 1 évalue la distribution de la richesse dans une population et donne une valeur absolue comprise entre 0 et 1. La valeur minimale correspond à une situation d'égalité parfaite où chaque individu possède la même richesse tandis que la valeur maximale correspond à une situation où l'individu le plus riche possède la totalité de la richesse.

remplissent assez bien ces trois fonctions – ces systèmes sont efficaces, redistributifs et incitatifs. En outre, la comparaison entre les différents systèmes fait apparaître de fortes ressemblances parmi les fiscalités rhénanes et scandinaves, alors que le système fiscal français se singularise à tout point de vue.

En particulier, le système fiscal français est rendu compliqué et opaque par, à la fois une multitude de niches fiscales et de régimes d'exemptions, et des taux d'imposition du capital hors de proportion avec ce qui se fait chez nos voisins. En un mot, la fiscalité française est devenue illisible, inefficace et injuste. Elle est le fruit d'une multitude de concessions que l'État a octroyées au fil des années à la fois pour des raisons impériales ou électoralistes (on pense en particulier à la niche Girardin sur les DOM-TOM) et aussi pour compenser l'effet désincitatif de certains prélèvements. La nécessité, voire l'urgence, d'engager une réforme radicale de notre système fiscal est évidente, en particulier pour supprimer certaines de

Graphique 6.1. Taux normal de la taxe sur la valeur ajoutée (TVA). Comparaison pour quelques pays européens en 2011

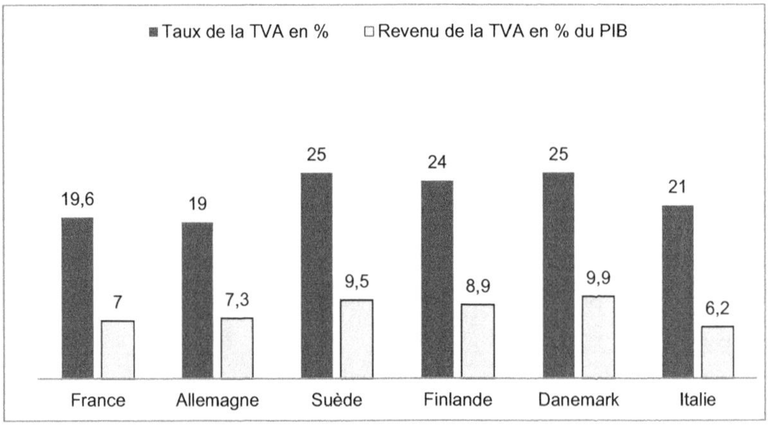

Sources : OCDE et Commission européenne.

ces niches qui mitent les assiettes d'imposition et diminuent significativement les revenus fiscaux sans engendrer de gains de compétitivité particuliers. Une difficulté de toute « remise à plat » de notre système fiscal réside dans le fait que les déficiences supposées du système actuel font parfois l'objet d'un certain type de représentations en France. La fiscalité y est accusée de surtaxer la consommation, de ne pas taxer le capital et de trop peu taxer le revenu du travail. Qu'en est-il réellement ?

Les chiffres de la TVA selon les pays démontrent que le taux appliqué en France est inférieur aux proportions atteintes dans les pays scandinaves (*cf.* graphique 6.1). Et même avec la hausse du taux normal de 19,6 à 20 % en 2014, nous sommes encore loin des 25 % de la Suède ou du Danemark.

De même, la question de la taxation des revenus est souvent posée de façon erronée. La France possède deux impôts sur le revenu (l'IR et la CSG). Le premier génère un revenu faible, qui est en baisse importante (6 % du PIB en 1990 et 2,6 % en 2010 contre 7 % pour la TVA) et n'est payé que par 53 % des foyers fiscaux. Toutefois, si on lui ajoute la CSG, alors la somme des deux atteint 7,2 % du PIB, ce qui correspond à une valeur proche de la moyenne de l'OCDE (8,6 % en 2010).

Enfin, la taxation des revenus du capital est en cours d'alignement sur celle des revenus du travail, ce qui implique des taux de taxation des revenus du capital très supérieurs en moyenne à ce qui se pratique chez nos voisins rhénans et scandinaves. À la lumière de ces quelques chiffres, il semble donc que les réformes suggérées par la comparaison entre notre système fiscal et ceux de nos voisins ne correspondent pas vraiment à celles qui sont réclamées par la majorité parlementaire actuelle.

Les maux principaux dont souffre notre système fiscal actuel se situent au niveau des prélèvements sociaux, qui pèsent de façon disproportionnée sur le travail, au niveau de l'IR, dont le rendement est miné par une multitude de niches offrant aux plus riches de considérables opportunités de réduction de leur contribution aux dépenses publiques, ainsi que dans une fiscalité de l'épargne qui privilégie la rente et décourage la prise de risque.

Mais de quelles niches fiscales parlons-nous ? Voici quelques exemples dont les effets sur la compétitivité et la croissance ne sont pas avérés. Le taux réduit de TVA dans le secteur de la restauration qui est fixé à 5 % en 2009, puis à 7 % en 2010 et qui a augmenté à 10 % en janvier 2014 en est probablement l'un des exemples les plus édifiants. Le manque à gagner pour les finances publiques était d'environ 3 milliards d'euros en 2010. Les restaurateurs s'étaient engagés en contrepartie à recruter 40 000 personnes supplémentaires sur deux ans et à baisser les prix. Or, en juin 2012, le constat est largement négatif, puisque 23 000 emplois n'ont pas été créés et que la répercussion sur les prix est loin d'être évidente. En fait, ce taux réduit s'est essentiellement traduit par une augmentation des marges dans le secteur de l'hôtellerie-restauration. Il y a également la niche Girardin conçue pour favoriser l'investissement industriel dans les DOM et qui est devenue le *nec plus ultra* de la niche pour très hauts revenus, ou encore les niches qui en pratique font chuter le taux d'impôt sur les sociétés de 33 à 17 % pour les grandes entreprises, et notamment le fameux amendement Copé. Quant à l'impôt sur le revenu, il compte 191 niches qui représentent 35 milliards d'euros de manque à gagner, soit près de 60 % du produit de cet impôt. Tous ces éléments permettent de comprendre le résultat mis en avant par Thomas Piketty et ses coauteurs[1] : aujourd'hui, pour les 5 % les plus riches (ayant un salaire mensuel supérieur à 6 900 euros), le taux de prélèvement brut décroît avec le revenu. Il atteint même moins de 40 % pour les 1 % les plus riches ! Il est clair que la convergence vers un système fiscal plus juste et plus efficace, c'est-à-dire avec un bon rendement de l'impôt, doit passer par une mise à plat de toutes les niches fiscales existantes, en vue d'éliminer toutes celles qui n'ont pas d'effets de croissance, d'emploi ou d'équité avérés.

Outre son aspect redistributif, un bon système fiscal doit inciter à l'innovation et à l'entrepreneuriat. Or le graphique 6.2 présente des données sur les brevets où nous constatons que la Suède et la Finlande dépassent largement le niveau de la France. Quant à la productivité, nous avons déjà étudié le cas de la Suède dans les chapitres précédents qui montre clairement les effets positifs de la réforme des années 1990.

Graphique 6.2. Nombre de brevets par millier d'habitants en 2011

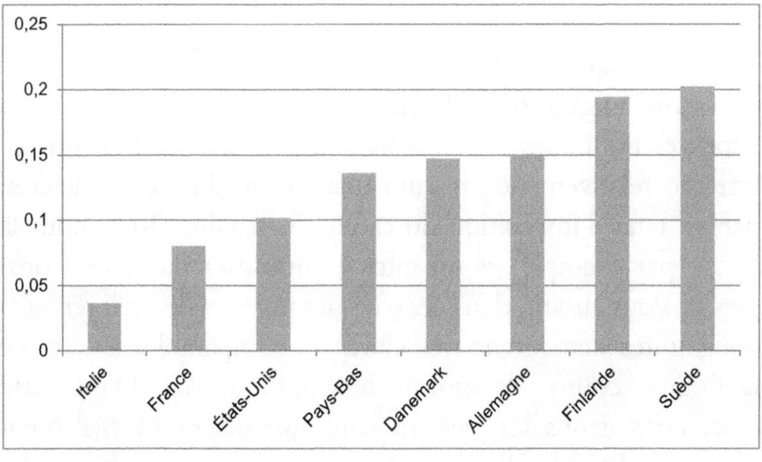

Source : OCDE.

Il apparaît donc clairement que le système fiscal français actuel est loin d'être adapté. Non seulement il est perclus de niches, ce qui l'empêche d'être à la fois redistributif et efficace, mais en outre il pénalise l'innovation et donc la croissance de notre compétitivité.

Si une réforme profonde de notre fiscalité est en effet nécessaire, il semble aujourd'hui évident qu'une augmentation des prélèvements est impossible, comme le démontrent les récents épisodes de révoltes contre la hausse des taxes, témoignant des limites du consentement à l'impôt. Au contraire, il nous semble indispensable de faire ce que les Suédois ont fait en 1991, à savoir mettre simultanément à plat notre fiscalité et notre système de dépenses publiques pour réduire la pression fiscale totale. Toute démarche visant à réformer le système fiscal sans s'attaquer à la structure des dépenses publiques nous paraît vouée à l'échec.

La fiscalité chez nos voisins rhénans et nordiques

Dans ce qui précède, nous avons vu que les pays scandinaves ont engagé des réformes structurelles à la fois sur les dépenses publiques et sur la fiscalité. Ceux-ci ont adopté un système relativement similaire qualifié de dual et caractérisé par un taux d'imposition du capital forfaitaire (30 % pour la Suède par exemple) et un taux d'imposition du travail progressif. Pour autant, dans ces pays, les niveaux de prélèvements obligatoires demeurent très élevés et comparables à ceux de la France, comme le montre le graphique 6.3. D'un autre côté, nous avons les pays rhénans qui disposent également d'une fiscalité plus lisible et moderne mais marquée par des taux d'imposition moins importants.

Graphique 6.3. Recette totale des prélèvements obligatoires (en % du PIB)

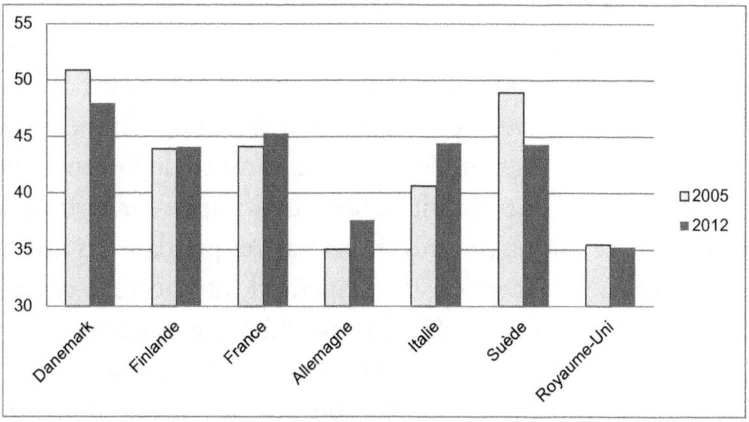

Source : OCDE.

Tableau 6.2. Taux de prélèvement et progressivité de l'impôt sur les revenus en 2012 (en %)

Pays	à 66 % du salaire moyen	à 100 % du salaire moyen	à 166 % du salaire moyen
Allemagne	36,36	42,78	49,50
Belgique	34,93	39,91	43,76
Pays-Bas	26,46	31,94	38,11
France	26,33	28,32	33,94
Suède	22,11	24,89	35,19
Finlande	22,31	29,40	36,71
Danemark	37	38,55	45,07

Source : OCDE.

Pour tous les pays étudiés ici, l'impôt sur le revenu du travail est progressif. Toutefois, il existe de grandes différences dans la façon de considérer ce prélèvement qui se traduit concrètement par le choix des différents seuils d'imposition.

Le tableau 6.2 donne le taux d'imposition moyen pour un individu célibataire dont le revenu se situe respectivement à 66 %, 100 % et 166 % du salaire moyen. Nous constatons alors une grande différence dans la dispersion de ce taux au sein d'une population. En France, elle est inférieure à celle des pays scandinaves et la différence du taux d'imposition entre deux individus situés de part et d'autre de la moyenne est plus faible. Cela traduit le fait que l'impôt sur le revenu du travail est moins progressif en France que dans les autres pays étudiés, à l'exception du Danemark qui possède cependant un taux très élevé (37 %) pour les bas revenus.

Lorsqu'on s'intéresse au coin fisco-social, c'est-à-dire à la charge que constitue l'imposition sur le travail pour un employeur, nous constatons à nouveau que les pays scandinaves offrent un taux bien plus favorable que la France ou la Belgique (tableau 6.3). Cette situation est même amplifiée très nettement lorsque l'on considère le schéma familial d'un couple marié avec deux enfants dont un des deux époux

Tableau 6.3. Surcoût pour l'entreprise du coin social par rapport au salaire net en 2012 (en %)

Pays	Célibataire	Couple marié avec deux enfants
Allemagne	49,8	34
Belgique	55,5	40,3
Pays-Bas	37,8	30,7
France	49,4	42,3
Suède	42,8	37,3
Finlande	42,7	37,7
Danemark	38,4	27,4

Source : OCDE.

travaille. Dans cette situation, c'est 42,3 % du coût total d'un travailleur qui est directement lié à la fiscalité du travail.

Le tableau 6.4 donne les différents seuils d'imposition ainsi que le taux marginal correspondant. Tout d'abord, le plus bas, en dessous duquel un individu n'est pas taxé, puis le plus haut, au-dessus duquel le taux marginal d'imposition ne change plus. Évidemment, ces taux sont difficilement comparables entre eux, c'est pourquoi la dernière colonne donne la correspondance du seuil maximal d'imposition en termes de revenus moyens (le nombre de revenus moyens du pays concerné qu'il faut gagner pour atteindre ce seuil).

À ces taux, il faut ajouter pour certains pays des prélèvements locaux qui sont tous forfaitaires : Danemark, environ 25 % selon les régions ; Belgique, environ 7 % ; Suède, environ 30 % ; Finlande, environ 19 %.

Tableau 6.4. Imposition du travail pour le gouvernement central, une progressivité différente selon les pays (chiffres de 2012)

Pays	Seuil (en euros)		Taux marginal de prélèvement (en %)		Seuil maximal d'imposition (en nombre de fois le revenu moyen)
	Minimal	Maximal	Minimal	Maximal	
Allemagne	8 004	250 730	0	45	5,8
Belgique	8 350	36 300	25	45	1
Pays-Bas	18 945	56 491	1,95	52	1,2
France	5 963	150 000	0	45	5,1
Suède	44 121	63 163	0	25	1,5
Finlande	16 100	70 300	0	29,75	1,6
Danemark	52 276	52 276	4,65	19,65	1,1

Source : OCDE.

C'est pour cette raison que certains taux peuvent sembler bas. Cela constitue une différence importante dans la vision de l'impôt sur le revenu. Les pays scandinaves taxent peu mais sur une assiette très large, ce qui se traduit par une part forfaitaire importante et un seuil maximal très bas par rapport au revenu moyen. Cette caractéristique se retrouve surtout en Suède où les impôts sur le revenu ont baissé à la suite des grandes réformes des années 1990, mais les revenus fiscaux ont augmenté.

Si, en 1990, les taux d'imposition sur les sociétés étaient tous supérieurs à 40 % (à l'exception des Pays-Bas), ceux-ci ont partout diminué depuis (tableau 6.5). Nous pouvons constater que les pays scandinaves sont ceux qui ont le plus réduit les prélèvements sur les sociétés et qui affichent aujourd'hui des taux proches de 25 %. En revanche, alors que la France était au niveau de la Finlande et du Danemark en 1990, elle n'a baissé son niveau que de 8 % pour rester à une valeur de 34 % qui reste la plus élevée des pays étudiés.

Comment sont taxées les plus-values obtenues au terme de la cession d'un capital ? Pour tous les pays étudiés ici, à l'exception

Tableau 6.5. Taux d'imposition sur les sociétés (en %)

Pays	**2013**	**1990**
Belgique	34	41
Danemark	25	40
Finlande	24,5	44,5
France	34,4	42
Allemagne	30,2	54,5
Pays-Bas	25	35
Suède	22	53

Source : OCDE.

de la France, il s'agit de taux forfaitaires, mais dont le niveau varie fortement : Allemagne, 28 % ; Belgique et Pays-Bas, il n'y a théoriquement pas d'imposition sur les plus-values issues de la cession du capital mobilier et, sous certaines conditions, immobilier ; Danemark, 27 % jusqu'à 6 500 euros de plus-value du capital puis 48 % ; Finlande, 30 % jusqu'à 50 000 euros de plus-value du capital puis 32 % ; Suède, 30 %.

En revanche, pour la France, l'impôt sur le revenu s'applique aux plus-values du capital mobilier (le prélèvement est donc progressif), et à celui-ci il faut ajouter la CSG à 15,5 %. Le taux maximal peut ainsi atteindre 62 % !

Terminons cette comparaison en observant que le revenu des impôts sur la propriété immobilière en France est largement supérieur à celui des autres pays européens, et notamment scandinaves.

Graphique 6.4. Proportion de la taxe sur la propriété immobilière sur le revenu fiscal total (chiffres de 2011, en %)

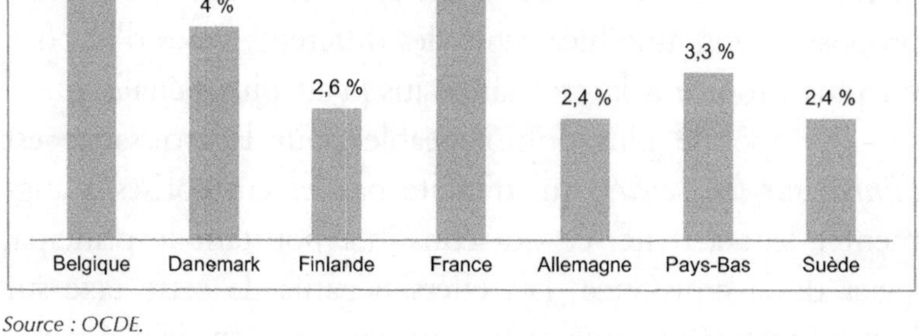

Source : OCDE.

Que nous enseignent les analyses économétriques ?

La France connaît aujourd'hui une situation comparable à celle de la Suède en 1990 avec un taux d'endettement public de 93,4 % du PIB en 2013 et un taux de chômage supérieur à 10,5 %. En menant des réformes de consolidation fiscale importantes (*cf.* chapitre 4), elle a presque immédiatement retrouvé une bonne santé économique et jouit aujourd'hui d'un taux de croissance de la productivité parmi les plus élevés d'Europe. Dès lors, il est tentant de s'inspirer de l'exemple suédois pour mettre en place une fiscalité favorisant au maximum la croissance.

Mais que nous enseignent les travaux économétriques récents ? Une étude publiée en 2011[2] s'appuie sur des données macroéconomiques avec une base de 21 pays de l'OCDE étudiés entre 1971 et 2004, ainsi que sur des données d'entreprises pour déterminer une répartition des différents impôts encourageant la croissance. En ne s'intéressant pas aux niveaux d'imposition, mais plus à l'importance relative de chaque taxe, l'étude s'affranchit de toute considération de baisse ou de hausse des prélèvements pour se concentrer sur la structure du système fiscal. Les auteurs proposent alors une hiérarchie des différents types d'impôts, du plus propice à la croissance jusqu'au plus pénalisant.

– L'impôt le plus dommageable pour la croissance est *l'impôt sur les sociétés*, qui n'incite pas les entreprises à augmenter leur activité, ce qui constitue pourtant le principal levier de la croissance. Les effets négatifs de cette taxe sur la productivité et l'investissement sont mis en évidence par plus de 200 000 observations microéconomiques. De plus, les investissements directs depuis l'étranger diminuent avec l'augmentation de cet impôt. Enfin, il faut noter qu'un taux élevé encourage l'optimisation fiscale qui favorise les grandes entreprises et pénalise les PME.

– Vient ensuite *l'impôt sur les revenus* qui, du fait de sa nature progressive, pénalise davantage la croissance que la TVA, qui possède un taux fixe. De plus, un taux d'imposition trop important sur les hauts revenus décourage l'entrepreneuriat de même que, pour les bas revenus, il n'encourage pas à travailler.

– *La TVA*, à l'inverse, a peu d'effets négatifs sur la croissance en dépit de son effet sur les prix des biens à la consommation. Elle ne pénalise pas l'investissement ni l'épargne si elle est considérée comme constante au cours du temps, ce qui est globalement le cas. De plus taxer la consommation, c'est aussi taxer pour partie l'importation et donc favoriser la production locale.

– Enfin, *les taxes sur les propriétés et les transactions immobilières* sont celles qui sont le plus efficaces dans un système voulant favoriser la croissance. En effet, l'investissement dans l'immobilier a moins d'effets positifs sur l'économie que les autres. Une augmentation des prélèvements permettrait alors de décourager l'allocation de capital vers les biens immobiliers pour favoriser les entreprises. De plus, l'assiette de cet impôt est difficilement manipulable comme peut l'être celle de l'impôt sur les sociétés.

Ainsi, sans toucher au niveau global de prélèvement, il est possible, à travers une réallocation des différents taux d'imposition, de stimuler la croissance en se concentrant sur la consommation et le capital immobilier. Notons qu'en France les revenus de l'impôt sur la propriété immobilière sont déjà très élevés par rapport au reste de l'Europe (graphique 6.4), même s'ils demeurent inférieurs à ceux des pays anglo-saxons. Or une augmentation supplémentaire d'une telle taxe pourrait avoir un effet négatif sur la construction de nouveaux logements ainsi que sur les loyers. C'est pourquoi nous prônons plutôt une augmentation de la TVA et une baisse globale des impôts sur les sociétés et sur le revenu.

Quelles idées pour un nouveau système fiscal en France ?

Étayée par des comparaisons internationales, notre analyse suggère à la fois quelques principes et des lignes de force pour une réforme fiscale d'ampleur en France.

Les principes

Les conditions politiques de la réforme fiscale étant réunies, il faut s'accorder sur les objectifs qu'on lui assigne. Deux écoles s'affrontent traditionnellement : celle de la neutralité fiscale (selon laquelle la fiscalité n'a pas d'effet significatif sur la croissance) et celle des incitations à la croissance qui est ici privilégiée et qui est étayée par les études économétriques mentionnées plus haut.

Les objectifs à assigner à la réforme sont simples. D'abord, contribuer à la croissance. Assurer les fonctions collectives de l'État a un coût, il faut donc en minimiser les effets sur la compétitivité et en maximiser les effets sur la stimulation de l'activité et en vue de préparer l'avenir. Un bon système fiscal doit favoriser la création de richesses et la croissance et ne pas désinciter à la localisation des activités sur le sol national. Ce choix implique de prendre en compte la concurrence fiscale qui règne au sein de l'Europe. Ensuite, il faut veiller à l'équité. Le meilleur impôt est celui qui est accepté socialement, car il est perçu comme utile et juste. L'équité réelle du système mais aussi l'équité perçue sont importantes. La CSG, impôt proportionnel, ne suscite pas d'opposition et fait l'objet d'une large acceptation alors qu'elle frappe au même taux des revenus très inégaux. Enfin, il s'agit de promouvoir l'efficacité. Un bon système fiscal est basé sur une assiette large, lisible et de bon rendement. De ce point de vue, les niches fiscales altèrent profondément l'efficacité du système pour un bénéfice économique discutable.

D'autres objectifs pourraient être mentionnés comme la lisibilité, la simplicité, la prévisibilité et la stabilité de la règle fiscale. Un cadre budgétaire stable, une trajectoire de réduction des déficits, des règles d'engagement des stabilisateurs automatiques, une fixation des assiettes d'imposition établies au début du quinquennat sous la surveillance d'un comité budgétaire indépendant représenteraient sans doute un grand progrès par rapport à la situation présente.

Notre propos se limitera à l'explicitation des trois objectifs de croissance, d'équité et d'efficacité. Leur traduction à travers des orientations de réforme et plus encore des mesures pratiques ne va pas de soi. D'abord, parce que ces objectifs sont partiellement contradictoires : l'incitation à la croissance peut conduire dans un contexte de concurrence fiscale à moins taxer les facteurs mobiles comme le capital et davantage les facteurs fixes comme le travail. Il faut donc sans cesse arbitrer entre plus d'efficacité et moins d'équité, plus d'équité et moins d'incitation à la croissance, etc. Ensuite, parce que déplacer les assiettes ne change rien à l'ampleur du prélèvement et ne corrige qu'à la marge les distorsions de compétitivité.

La vraie réforme fiscale, comme nous l'enseignent les exemples étrangers, doit se faire sur la base d'une réduction des dépenses. La meilleure réforme fiscale ne peut rien contre une dépense publique qui progresse continûment et qui jusqu'ici a largement été financée par la dette publique, c'est-à-dire par des impôts différés. Enfin, le contexte économique, la complexité technique et la sensibilité des contribuables militent pour une réforme radicale, mais qui ne se traduit pas par des transferts massifs. Un système fiscal optimal au regard d'objectifs largement acceptés peut être rejeté au Parlement parce que remettant en cause trop brutalement un ordre fiscal traditionnel, le pouvoir de distribution de bénéfices fiscaux par les parlementaires et à l'inverse la volonté des gouvernants de dissimuler des engagements budgétaires sous le masque de niches fiscales.

Les lignes de force d'une réforme fiscale

Une fois ces grands principes énoncés et les contraintes d'économie politique identifiées, on peut soumettre au débat les propositions suivantes.

• *Réduire le coin fisco-social par le transfert de charges*

La France a un système social développé, financé pour une grande part par des prélèvements assis sur le travail. Cela a un triple effet : sur le coût du travail non qualifié, sur le salaire net, et sur la compétitivité d'ensemble de l'économie française à l'export. Selon les moments et la sensibilité politique, les pouvoirs publics tendent à privilégier la lutte contre le chômage en baissant les charges sociales sur le travail non qualifié, le pouvoir d'achat des salariés en exonérant de charges sociales et fiscales les heures supplémentaires, la compétitivité-coût des entreprises en allégeant la fiscalité des entreprises. Indépendamment des variations politiques, le système de prélèvements sociaux est inéquitable et il contribue à la dégradation de notre compétitivité-coût. Le coût du travail et le salaire net en France sont affectés par le fait qu'une grande part des prestations non contributives (prestations maladie hors indemnités journalières et prestations familiales) est financée sur la seule assiette des revenus du travail, ce qui est inéquitable. Il n'est en effet pas justifié que des dépenses sociales universelles au service de politiques publiques familiales ou de santé soient financées par des prélèvements sur le seul travail.

La dégradation manifeste de la compétitivité-coût de la France vis-à-vis de l'Allemagne et l'impératif d'élimination des déséquilibres commerciaux au sein de la zone euro nous contraignent à alléger les charges pesant sur le travail non qualifié mais plus encore qualifié. La nécessité de transférer le financement des prestations sociales non contributives* d'une assiette travail vers une assiette consommation (TVA sociale), revenu (majoration de la CSG) ou environnementale (taxe carbone) est en passe de s'imposer. Elle apparaît comme équitable, car le financement de prestations non contributives devient ainsi assuré par un prélèvement identique pour tous en proportion du revenu ou de la consommation, quelle que soit la structure de ces derniers. Elle apparaît aussi comme efficace sur le plan économique par la réduction induite du coût du travail.

* Des prestations sont dites « non contributives » quand leur bénéfice n'est pas conditionné à un effort contributif. C'est le cas des prestations maladie (hors indemnités journalières) et famille. À l'inverse, les prestations chômage et retraite sont contributives.

L'enjeu financier est considérable : le changement d'assiette pourrait concerner 18,5 points de cotisations sociales employeurs finançant des dépenses non contributives d'assurance-maladie (pour 13,1 points) et de prestations familiales (pour 5,4 points). Si on décidait de se limiter à un transfert dans l'immédiat des seules cotisations patronales sur la famille, ce sont 32,8 milliards de recettes nouvelles qu'il faudrait trouver.

La TVA sociale a un double mérite et un grand inconvénient. Son assiette est large et son taux central (20 %) est d'un bon rendement. De plus, taxer la consommation, c'est aussi taxer pour partie l'importation et donc favoriser la production locale. Mais à l'inverse, la TVA est un impôt proportionnel perçu comme injuste car il ne frappe pas l'épargne.

La CSG a une assiette plus large que la TVA et son rendement est donc bien meilleur. Elle a le mérite de frapper aussi les revenus du capital, les retraites et pensions. En revanche, elle n'a pas d'effet sur les produits importés.

La taxe carbone a l'avantage d'assurer un « double dividende ». En diminuant le coût du travail, elle permet de baisser les coûts des entreprises ou d'augmenter les salaires. En incitant à la décarbonation de l'économie, elle favorise la transition énergétique et la limitation des émissions de gaz à effet de serre. Mais la modicité de l'impôt environnemental partout en Europe, l'étroitesse des bases imposables et la concentration des effets négatifs sur les faibles revenus prisonniers de l'usage de l'automobile, pour ne rien dire de l'impact sur les coûts des entreprises, rendent cette piste peu envisageable.

Au total, le rebalancement des charges sociales d'une base travail vers une base consommation ou revenu est justifié pour des raisons d'équité et de compétitivité. Le choix final dépend de l'arbitrage politique entre dévaluation intérieure limitée (TVA sociale) et souci de taxer tous les revenus pour financer des prestations universelles (CSG). Deux arguments contestables doivent être écartés à ce stade. La France ne taxe pas excessivement la consommation : c'est l'inverse qui est vrai (la France est à 10,7 % du PIB pour une moyenne de l'Union européenne à 12 %). La CSG, quoique proportionnelle, est plus redistributive que des cotisations sociales plafonnées.

Les exemples des pays qui réussissent leur réindustrialisation enseignent tous que le transfert des prélèvements sociaux d'une base travail vers une base consommation ou revenu joue un rôle décisif ; au Danemark, pour ne prendre qu'un exemple, les charges patronales sont à zéro, la TVA est à 25 % et l'impôt sur le revenu représente près de 50 % des rentrées fiscales.

• *Améliorer le rendement et la redistributivité de l'impôt : supprimer les niches*

L'égalité devant l'impôt requiert une répartition de la charge fiscale en fonction des capacités contributives. Elle suppose une progressivité de la charge car, plus le revenu s'élève, plus la part de dépenses non contraintes s'élève. Or, au cours des dernières années, les effets combinés de la suppression des tranches les plus élevées du barême, la multiplication des niches fiscales et la mise en œuvre du bouclier fiscal ont contribué à réduire la progressivité de l'impôt sur le revenu. Comme, de surcroît, le poids des impôts proportionnels (TVA ou CSG) n'a cessé d'augmenter au détriment des impôts progressifs, le système est devenu plus inégalitaire. Le renforcement de la progressivité des prélèvements est indispensable à la restauration de la confiance des citoyens, et ce d'autant plus que l'effort d'ajustement budgétaire va contraindre à des coupes dans les dépenses publiques.

- *La fusion IR-CSG est une fausse bonne idée*

La fusion IR-CSG offre une solution radicale et simple à nombre de problèmes d'inéquité du système actuel. Elle permet de supprimer toutes les niches fiscales puisque le nouvel impôt perçu à la source ne permet pas d'imputer sur l'impôt à payer les exonérations liées à des niches spécifiques. Elle fait bénéficier l'IR de l'assiette large et non mitée qui est celle de la CSG. Elle permet de taxer les revenus du capital comme ceux du travail aux mêmes taux et sur la même base. Elle rend progressive la CSG puisque le nouvel impôt comporte un barême. Impôt individuellement perçu, celui-ci permet de supprimer le quotient familial et le quotient conjugal, de sorte qu'un enfant de riche ne soit pas fiscalement favorisé par rapport à un enfant de pauvre. Il contribue aussi à supprimer le quotient conjugal, ce qui permet de ne pas privilégier fiscalement les ménages mariés.

Pourtant, ces avantages sont en trompe l'œil et masquent de redoutables problèmes. Il n'est nul besoin d'une telle réforme pour corriger les défauts du système actuel. Les 191 niches de l'IR représentent 35 milliards d'euros, soit près de 60 % de son produit. Supprimer toutes les niches liées à l'impôt sur le revenu ne nécessite en rien de fusionner IR et CSG. Il suffit d'avoir l'audace politique de le décider. À l'inverse, fusionner IR et CSG peut légitimement conduire à prévoir des abattements pour les petits revenus. Mais une telle décision se traduirait par une perte d'efficacité du nouvel impôt par rapport à la CSG actuelle, qui est d'un excellent rendement. Si l'on veut, comme le réclame la gauche du PS, fusionner IR et CSG en redonnant du pouvoir d'achat aux petits salariés, il faut savoir qu'un abattement de 1 000 euros par mois ferait perdre au Trésor public 40 milliards de CSG. De plus, fusionner deux impôts – l'un, la CSG (affecté à la protection sociale, bien accepté, et avec une assiette large et non mitée), et l'autre, l'IR (contesté, d'un médiocre rendement et affecté à l'État) – conduira fatalement à la pollution du bon impôt par le mauvais. Enfin, la taxation des revenus du capital a déjà été alignée sur celle du travail avec les dernières réformes Hollande. Aller encore plus loin, c'est aggraver les maux de notre système fiscal actuel.

Rien dans la littérature théorique ne vient justifier que la taxation des revenus du capital soit identique à celle du travail, comme nous l'avons analysé au chapitre 2*. Enfin, la question de l'imposition des travailleurs frontaliers, de la détermination des taux moyens d'imposition, de l'organisme chargé du prélèvement à la source (Assedic ou DGFip) et du décalage d'une année entre revenu et IR qui n'existe pas pour la CSG posent de redoutables problèmes techniques.

Par ailleurs, il est souvent recommandé en théorie fiscale de séparer les prélèvements visant un financement général des dépenses, comme la CSG, de ceux ayant pour finalité la correction des inégalités, comme l'IR. La fusion en un seul prélèvement de dispositifs relevant de ces deux finalités peut rendre plus difficile de satisfaire les deux objectifs visés.

---

* Un argument avancé par certains est qu'une telle dualité pourrait favoriser l'évasion fiscale par la conversion de revenus salariaux en revenus du capital, notamment de la part de travailleurs individuels. À cela deux objections : tout d'abord cette considération est de second ordre par rapport au coût du système actuel et plus généralement d'un système fiscal très divergent par rapport à celui de nos voisins ; ensuite et surtout, il sera très aisé à nos services fiscaux de repérer et d'éliminer à la source ces pratiques d'optimisation fiscale.

Au total, la fusion crée autant de problèmes nouveaux qu'elle est censée en régler d'anciens. Accroître la progressivité de l'impôt sur le revenu passe selon nous par la suppression ou une forte limitation des niches fiscales et la création de deux tranches nouvelles à l'IR (45 et 50 %), ce qui portera à près de 62 % le taux de taxation marginal, CSG incluse. Le caractère insuffisamment redistributif de la CSG peut être corrigé en renforçant le RSA et la PPE. Ainsi, le nouvel impôt sur le revenu comporterait un étage proportionnel (la CSG), un étage progressif (l'IR redéfini) et un impôt négatif élargi aux jeunes (RSA et PPE fusionnés). Le rendement de ce nouvel impôt dépendra de la suppression des niches fiscales.

Idéalement, le gouvernement devrait prendre une mesure radicale de suppression de toutes les niches fiscales, non pour éliminer des dépenses qui peuvent être utiles, mais pour interdire les manipulations d'assiette et pour s'obliger à expliciter sa politique devant le Parlement appelé à voter chaque année les dépenses nécessaires. Si une telle mesure se révélait impossible à mettre en œuvre, alors il faudrait programmer l'extinction des niches en étendant le dispositif actuel de plafonnement et de rabotage des niches. Le principe en est simple : une enveloppe globale de déductions fiscales est accordée à chaque ménage, qui l'utilise à sa guise. Cette enveloppe est révisée à la baisse chaque année par le Parlement.

• *Inciter à l'investissement : alléger la taxation du cycle productif*

La France est le pays européen qui affiche le taux d'impôt sur les sociétés le plus élevé (34,4 % contre 26 % au Royaume-Uni, 27,5 % en Italie et 30,2 % en Allemagne IS local compris), qui dénonce avec le plus de vigueur le dumping fiscal irlandais mais qui constate année après année que le rendement de son IS est plus faible que celui de l'Irlande* ! Pour améliorer le rendement des impôts sur les entreprises (hors IS), la France n'a cessé de multiplier les taxes qui pèsent sur le cycle productif (sur les transports pour 6,5 milliards d'euros, sur la formation pour 6 milliards d'euros, contribution sociale de solidarité des entreprises pour 5 milliards d'euros, cotisation employeurs sur le fonds national de l'allocation logement pour 2,4 milliards d'euros, contribution additionnelle au profit de la caisse de solidarité pour l'autonomie 1,8 milliard d'euros...). Comme les grandes entreprises localisent de moins en moins leurs activités productives sur le sol national et qu'elles savent faire de l'optimisation fiscale en reportant les charges en France et les bénéfices hors de France, elles paient au total un tiers de moins que ce qu'elles devraient nominalement payer alors que les PME paient à peu près leur IS au taux nominal.

À l'inverse, la France ne parvient pas à faire émerger des grosses PME innovantes et exportatrices. Si la création d'entreprises est dynamique, si le taux de survie à cinq ans est comparable à ce qui s'observe en Europe, les PME ne parviennent

---

* Le résultat peut surprendre mais les chiffres sont éloquents : les taux implicites d'IS d'Irlande et de France sont respectivement en 2008 29,1 % et 7,6 %, mais le rendement en points de PIB est de 2,9 % contre 2,8 %. Ce que l'Irlande perd en taux, elle le gagne en assiette, ce qui maximise le rendement.

pas à grandir. Une comparaison France-Allemagne permet d'établir que si les grandes entreprises allemandes et françaises ont des performances comparables en termes d'investissements, de R&D et d'exportations, plus la taille des entreprises baisse, plus la performance française se dégrade. Les explications sont plurielles (financement, seuils sociaux et réglementaires...), mais la médiocrité de la rentabilité des entreprises françaises (29 % d'excédent brut d'exploitation [EBE], contre 40 % en Allemagne) explique le cercle vicieux de la sous-compétitivité : des marges faibles dissuadent les prises de risque en R&D, l'export et l'investissement, la dégradation de la compétitivité hors coût dégrade davantage la capacité à bénéficier des marchés extérieurs sauf à rogner sur des marges faibles, ce qui déprime à nouveau l'EBE[3]...

Redonner de l'oxygène aux PME dont la rentabilité est une des plus médiocres d'Europe suppose au minimum qu'on puisse redéployer la fiscalité qui pèse sur les entreprises. Trois méthodes doivent être combinées pour arriver à cette fin : moduler les dispositifs qui permettent aux grandes entreprises de minorer leur IS, élaguer les taxes sur le cycle productif, élargir l'assiette et baisser le taux d'IS.

Le crédit d'impôt-recherche (il n'y a pas de CIR en Allemagne, mais les entreprises investissent en recherche deux fois plus qu'en France), le report en avant illimité des déficits et en arrière sur les trois dernières années (la mesure existe en Allemagne, mais est plafonnée), la déductibilité des taxes déjà payées, les taxes foncières ou les taxes sur les salaires (la mesure n'existe pas en Allemagne), la déductibilité illimitée des frais financiers (déductibilité limitée à 30 % en Allemagne) contribuent à alléger artificiellement l'impôt des grandes entreprises sans bénéficier aux petites entreprises qui n'ont pas les mêmes ressources d'optimisation fiscale.

Harmoniser les assiettes de l'impôt sur les sociétés dans le cadre européen, et donc supprimer les mesures qui permettent aux grandes entreprises de faire de l'optimisation fiscale, réserver le bénéfice de certaines mesures aux PME, taxer différemment les bénéfices réinvestis et les bénéfices distribués, alléger la taxation du cycle de production, moduler la taxe foncière des entreprises en fonction de la localisation de l'investissement : telles sont les mesures qui pourraient redonner des marges de manœuvre aux PME et contribuer à la réindustrialisation de la France. Là aussi, l'exemple des pays qui ont réussi leur reconstruction industrielle est parlant : élimination des taxes sur le cycle productif, réduction d'IS et élimination des niches qui favorisent l'endettement au détriment du financement en capital.

Chacune de ces mesures soulèvera des objections fondées mais les objectifs de la réforme ne doivent pas être perdus de vue : il ne faut pas pénaliser, à travers la surtaxation des PME, l'activité sur le sol national. Il faut éviter la taxation du cycle productif en surchargeant les entreprises de prélèvements fiscaux divers, il faut plutôt taxer les bénéfices de l'entreprise (comme en Allemagne pour l'équivalent de la taxe professionnelle). La taxation du cycle productif de la PME en difficulté s'apparente, en effet, à une double peine.

• *Pour un système dual capital/travail*

En nous inspirant des modèles scandinaves, nous prônons la mise en place d'un système « dual », dans lequel le travail serait taxé de manière progressive alors que le capital serait prélevé à un taux fixe relativement bas, que nous estimons à 30 %. L'impôt sur les successions permettrait quant à lui de limiter les fortes inégalités de patrimoine et d'inciter les héritiers à augmenter leur offre de travail. Ce système est celui utilisé dans la plupart des pays du nord de l'Europe, comme nous l'avons vu précédemment. Considérant par ailleurs que les revenus actuels de l'IR sont trop faibles, nous estimons nécessaire d'en élargir l'assiette en l'alignant sur celle de la CSG (aujourd'hui un foyer sur deux ne paie pas d'IR).

En résumé, une réforme fiscale juste et efficace passe par la mise en œuvre d'orientations simples et claires, en particulier :

– Rendre l'impôt sur le revenu plus efficace en élargissant son assiette et en supprimant les niches fiscales qui n'ont pas d'impact avéré sur la compétitivité ou sur la productivité.

– Mettre en place une taxation duale avec un impôt progressif sur les revenus du travail et un impôt forfaitaire sur les revenus du capital productif.

– Augmenter la TVA à un taux proche de 25 % ou la CSG et utiliser cette augmentation pour parachever la dévaluation fiscale, initiée avec le CICE, en réduisant les cotisations sociales employeurs finançant des dépenses sociales non contributives.

– Diminuer l'impôt sur les sociétés en visant la convergence fiscale au niveau européen tant en termes d'assiette que de taux.

Les consolidations fiscales réussies évoquées précédemment avaient une caractéristique commune : elles s'accompagnaient d'une réduction des dépenses publiques. Toute tentative de remise à plat de la fiscalité française à taux de prélèvement constant et sans remise à plat des dépenses publiques nous paraît vouée à l'échec. Il faut donc accueillir comme une réorientation bienvenue l'engagement du président Hollande de gager sur des baisses de dépenses publiques les allégements de charges sur les entreprises.

CHAPITRE 7

Éléments d'évaluation de notre programme de réformes

Les chapitres précédents ont cherché à identifier les leviers d'une politique de redressement : une politique qui endigue notre déclin et stimule notre croissance, une politique qui résorbe nos déficits et notre dette publics, enfin une politique qui s'attaque à la source des inégalités en augmentant la mobilité sociale.

Dans ce chapitre, nous nous risquons à une évaluation des gains macroéconomiques qui peuvent être attendus de la mise en œuvre simultanée de diverses composantes de notre programme de réformes : des réformes structurelles, d'une réforme de l'État et de la réforme fiscale. D'autres composantes de ce programme, comme la réforme du système éducatif, ont des effets favorables à très long terme et ne relèvent donc pas d'une telle évaluation.

Une simulation d'une stratégie de politique économique ambitieuse comportant plusieurs des axes des politiques évoquées dans les précédents chapitres a donc été réalisée en utilisant pour cela un logiciel macroéconomique adapté pour ce type d'évaluation. Il s'agit du logiciel MacSim (pour Macroeconomic Simulations). Ce dernier, construit par Brillet *et al.* (2013)[1], est basé sur une représentation simplifiée de l'économie française et des économies des principaux pays développés*. Les propriétés de ce logiciel MacSim sont équivalentes à celles des outils usuellement utilisés par l'administration économique pour l'élaboration des budgets économiques ou par les banques centrales pour construire leurs prévisions utiles à la définition des politiques monétaires. Cet outil est particulièrement adapté à la simulation de politiques macroéconomiques. Pour autant, comme tous les outils de ce type, MacSim ne peut prétendre fournir une évaluation exacte des politiques simulées. Mais il en donne des ordres de grandeur réalistes. Les simulations qui suivent doivent donc être considérées à titre indicatif.

Les hypothèses retenues pour cette évaluation à l'aide du logiciel MacSim sont détaillées dans l'encadré ci-après.

Hypothèses retenues pour les évaluations réalisées avec MacSim

Pour toutes les politiques ici simulées, les hypothèses suivantes sont retenues : 1) la France est bien entendu dans la zone euro et sa politique monétaire est celle définie au niveau de l'ensemble de cette zone ; 2) la formation des taux d'intérêt à court terme au niveau de l'ensemble de la zone euro et au niveau des autres pays (ici essentiellement les États-Unis, le

* Cette représentation est faite par un ensemble d'équations dont les paramètres sont déterminés sur la base des comportements observés dans le passé. Dans le jargon des spécialistes, il s'agit d'un modèle multinational, dans lequel les ménages et les entreprises élaborent des anticipations des évolutions futures en fonction des évolutions passées.

Japon et le Royaume-Uni, et l'agrégation du reste du monde) correspond à une règle de comportement des banques centrales, appelée règle de Taylor, qui paraît rendre bien compte du comportement des banques centrales ; 3) la formation des taux de change correspond à une logique de parité de pouvoir d'achat (PPA) entre les différentes monnaies (euro, dollar, livre, yen et la monnaie théorique du reste du monde). Cela signifie que les évolutions des taux de change entre les différentes monnaies neutralisent les gains de compétitivité qui peuvent être induits par des écarts d'inflation ; 4) il est supposé qu'une prime de risque augmente (diminue) les taux d'intérêt de 0,2 point par point de PIB de déficit (excédent) supplémentaire du solde public. Cette prime de risque prend en compte le fonctionnement des marchés qui pénalisent par des taux d'intérêt plus élevés les pays et le fait que les élasticités-prix du commerce extérieur sont unitaires, ce qui correspond à un ordre de grandeur réaliste au vu de la littérature économique.

Les réformes simulées

Les politiques macroéconomiques simulées concernent la seule France. Mais ces politiques ont bien entendu un impact sur les autres pays. La stratégie de politique économique simulée comporte les six axes suivants :

– L'engagement de *réformes structurelles ambitieuses*, essentiellement sur le marché des biens et sur le marché du travail, dynamise les efforts d'innovation des entreprises. Ces réformes permettent en conséquence d'augmenter la croissance de la productivité globale des facteurs (PGF) de 0,5 point par an. Ce chiffre paraît réaliste au vu de diverses évaluations sur la question[2]. L'engagement de telles réformes ambitieuses est préconisé de façon récurrente par la Commission européenne mais aussi par l'OCDE, le FMI et de nombreux rapports[3]. On suppose ici que cette dynamisation de la PGF de 0,5 point par an s'étend sur cinq ans seulement, ce qui paraît une hypothèse très raisonnable au vu des études mentionnées. Soulignons de plus que l'orientation plus favorable à l'offre de la politique fiscale préconisée dans cet ouvrage aurait également un impact favorable sur les gains de productivité. Notre évaluation sous-estime donc probablement de façon importante la dynamisation de la PGF et donc les effets favorables qu'entraînerait la mise en œuvre des politiques préconisées dans les précédents chapitres.

– Les gains de productivité ainsi obtenus permettent, sans préjudice pour le salaire réel, de pratiquer *une dévaluation fiscale* consistant à transférer chaque année 0,5 point de cotisations sociales employeurs vers l'impôt direct sur les ménages (CSG ou autre impôt sur le revenu). Comme indiqué plus haut, un tel transfert correspond à une dévaluation fiscale dont les effets sont favorables à la compétitivité de l'économie française. Il permet aussi de rendre plus équitable le financement des prestations universelles dans les domaines de la santé et de la famille. La simulation réalisée est cependant calibrée de sorte que ce transfert se fasse sans préjudice pour le pouvoir d'achat des pensions ainsi que pour le pouvoir d'achat des revenus du capital, déjà très fortement taxés en France. Ce transfert est donc totalement et uniquement financé par les gains de productivité induits par la mise en œuvre des réformes structurelles. Ce transfert de 0,5 point par an est opéré chaque année durant cinq ans.

– L'engagement d'une *réforme fiscale ambitieuse*, visant à stimuler l'investissement et l'innovation, et d'une réforme de l'administration publique locale visant à supprimer les doublons. Cette réforme s'inspire grandement de celle engagée en Suède en 1991, détaillée au chapitre 4 de cet ouvrage. Elle s'est caractérisée dans ce pays par une baisse de l'imposition sur le capital et de la tranche marginale de l'impôt sur le revenu, financée *ex ante* par une hausse de l'imposition sur la consommation (TVA), ainsi que par des économies de dépenses publiques prenant principalement la forme d'une baisse des effectifs de la fonction publique. Elle y a permis une accélération très forte de la PGF, dont la croissance est durablement passée à partir de 1992 de 0,4 % par an à 1,9 % par an[4]. On suppose ici pour la France un exercice comparable mais moins ambitieux composé des cinq éléments suivants : 1) chaque année durant cinq ans, une baisse de l'impôt sur les sociétés de 1 point (soit environ 2 milliards) ; 2) également chaque année durant cinq ans, une baisse du taux de cotisations sociales employeurs de 1 point (soit environ 6,5 milliards) ; 3) la suppression des doublons de l'administration territoriale publique qui se traduit par une baisse des effectifs d'environ 25 000 personnes (soit 0,5 % environ de l'ensemble des effectifs publics) ; 4) une augmentation du taux moyen de TVA sur l'ensemble de la consommation des ménages de 0,5 point (soit environ 6 milliards d'augmentation) ; 5) et, dès la mise en œuvre de cette politique, accélération de la PGF de 0,25 point par an. Ces hypothèses paraissent modestes au regard des politiques qui ont pu être engagées en Suède et de leurs résultats.

– *Le taux d'activité des jeunes de 15 à 25 ans est augmenté* de 2 points par an sur cinq ans, soit au total 10 points. Cette augmentation de 10 points réduit de moitié l'écart de taux d'activité des jeunes Français en comparaison des jeunes de chacun des trois autres groupes de pays évoqués dans le texte (rhénans, scandinaves ou anglo-saxons). Elle résulte d'une baisse du coût du travail des jeunes cumulant emploi et études par une baisse des contributions sociales liée à un calcul prenant en compte, au prorata, la situation étudiante des personnes concernées. Cette politique a comme effet favorable une augmentation de l'offre et de la demande de travail, et donc du niveau potentiel du PIB, mais peut aussi aboutir à des choix d'orientation plus qualifiante et appropriée des jeunes accédant à l'enseignement supérieur. Les jeunes constituant environ 20 % de la population en âge de travailler, la hausse de 2 points par an de leur taux d'activité correspond à une augmentation de 0,4 point par an du taux d'activité global. Enfin, la politique ici envisagée résulte de la facilitation du cumul emploi-études, et la hausse du taux d'activité des jeunes concerne des emplois à temps partiel. On suppose donc qu'elle correspond à une augmentation d'environ 0,2 point par an du taux d'activité global en équivalent temps plein, durant cinq années.

– La politique de *lutte contre la pauvreté* est rendue plus efficace et moins idéologique par deux politiques engagées simultanément[5]. Tout d'abord, durant cinq années successives, la revalorisation du Smic est inférieure de 1 point de pourcentage à ce que la formule actuelle de revalorisation automatique impliquerait. En effet, le Smic est un outil très inefficace pour lutter contre la pauvreté, y compris la pauvreté laborieuse, mais son niveau impacte fortement le coût du travail et la demande de travail peu qualifié et, en conséquence, la compétitivité et le chômage des personnes les moins qualifiées et les plus fragiles. C'est la raison pour laquelle les allégements de contributions sociales patronales, développées par tous les gouvernements successifs de gauche comme de droite depuis le début des années 1990, s'efforcent de réduire le préjudice d'un Smic élevé sur l'emploi des moins qualifiés. Le niveau actuel de ces allégements dépasse les 22 milliards d'euros par an. La moindre revalorisation de 1 point par an du Smic induirait une moindre progression du salaire moyen d'environ 0,25 point par an[6]. La seconde politique de cet axe de lutte plus efficace contre la pauvreté consiste en une augmentation simultanée et substantielle du RSA. Le budget du RSA est ainsi augmenté de 2 milliards par an durant cinq ans, ce qui au total aboutit à son doublement. Cette augmentation du RSA est financée *ex ante* par quatre canaux : 1) une réduction automatique des allégements de contributions sociales employeurs, du fait de la moindre revalorisation du Smic. Au total, cette économie s'élève la cinquième année à environ 1,5 milliard d'euros ; 2) une absorption de la PPE par le RSA, facilitée par la forte croissance de ce dernier. L'économie ainsi réalisée est, la cinquième année, d'environ 2 milliards d'euros ; 3) une mobilisation des ressources du congé de libre choix d'activité (CLCA) qui disparaîtrait. Cette ressource représenterait environ 2 milliards d'euros ; 4) une dépense supplémentaire de 4,5 milliards d'euros pour les administrations publiques. On verra que cette dépense supplémentaire *ex ante* est largement financée *ex post* par le surcroît de croissance induit par les gains de compétitivité, eux-mêmes conséquents à la moindre revalorisation du Smic.

– *L'effort de consolidation budgétaire structurel est légèrement étalé dans le temps.* Un tel étalement est préconisé dans de nombreux rapports, comme celui réalisé en 2013 par le FMI dans le cadre de l'article 4 sur la surveillance des pays. Cet étalement est par convention fixé à 0,5 point de PIB la première année et 0,5 point supplémentaire la deuxième année, exactement compensés par 0,5 point d'ajustement supplémentaire la troisième année et 1 point la quatrième année.

Comme indiqué plus haut, tous les axes de politiques économiques évoqués dans les précédents chapitres n'ont pas été ici simulés. Par exemple, tous ceux qui relèvent de la mobilité sociale et dont les effets favorables sont très progressifs ne sont pas pris en compte. Ils contribueront pourtant fortement à positionner durablement la France sur une trajectoire de croissance forte à moyen et long terme.

Les principaux effets des réformes

Les effets de ces politiques, évalués avec le logiciel MacSim, sont résumés dans le tableau 7.1. Afin de faciliter la lecture des résultats, ces derniers sont fournis pour la première, la cinquième et la dixième année, sur six variables macro-économiques : le niveau du PIB (effet des politiques simulées en %), le niveau des prix à la consommation (effet en %), le niveau de l'emploi total (effet en %), le solde courant (effet en points de PIB), le solde des finances publiques (effet en points de PIB) et la dette publique (effet en points de PIB).

Les principaux effets de ces politiques sont les suivants :

– *L'engagement de politiques structurelles* augmente la productivité et réduit en conséquence les coûts de production. Il en résulte une amélioration de la compétitivité de l'économie française, ce qui dynamise la croissance tout en contribuant à l'amélioration du solde courant. L'amélioration du solde public est assez faible car, spontanément, les salaires privés et publics sont supposés être indexés sur les gains de productivité. Cette hypothèse justifie la dévaluation fiscale associée à l'engagement de politiques structurelles.

– *La dévaluation fiscale* a également pour effet de réduire fortement les coûts de production et d'améliorer la compétitivité, ce qui dynamise la croissance tout en contribuant à l'amélioration du solde courant et du solde public. La dette publique est très significativement abaissée par cette politique. La baisse du coût du travail contribue à la création d'emplois.

– *La réforme fiscale* réduit également les coûts de production et améliore la compétitivité, ce qui, comme la réforme précédente, dynamise la croissance tout en améliorant le solde courant et le solde public. Comme précédemment également, la baisse du coût du travail aboutit à des créations d'emploi conséquentes. Au total, les créations d'emploi dans le secteur marchand l'emportent très largement sur les suppressions d'emploi dans le secteur public.

– *L'augmentation de l'activité des jeunes* réduit les pressions salariales et contribue donc à l'amélioration de la compétitivité, ce qui dynamise la croissance et l'emploi, tout en contribuant à l'amélioration du solde courant et du solde et de la dette des administrations publiques.

– *La lutte plus efficace et moins idéologique contre la pauvreté* ralentit également l'augmentation des salaires, ce qui améliore la compétitivité de l'économie française et dynamise la croissance et l'emploi, tout en améliorant le solde courant et le solde et la dette des administrations publiques, malgré le doublement du RSA.

– *L'étalement de la consolidation budgétaire structurelle* apporte une contribution favorable non négligeable sur le niveau du PIB les deux premières années, sans impact significatif à un horizon de moyen (cinq ans) ou long (dix ans) terme.

Tableau 7.1. Simulation de quelques axes de politiques économiques. Écart par rapport à une situation de référence sans ces politiques

Axes de politiques économiques	Horizon	PIB (%)	Emploi total (%)	Solde courant (points de PIB)	Solde public (points de PIB)	Dette publique (points de PIB)
Engagement de réformes structurelles ambitieuses sur les marchés des biens et du travail[a]	1 an	0,2	– 0,1	0,2	0,0	0,0
	5 ans	1,2	– 0,6	0,7	0,1	– 0,4
	10 ans	1,8	0,0	0,5	0,0	– 0,6
Dévaluation fiscale[b]	1 an	0,1	0,1	0,1	0,1	– 0,1
	5 ans	0,4	0,9	0,5	0,6	– 1,7
	10 ans	1,2	1,7	0,8	1,0	– 4,8
Engagement de réformes fiscales ambitieuses[c]	1 an	0,1	– 0,1	0,1	0,0	0,0
	5 ans	0,4	– 0,1	0,8	0,2	– 0,4
	10 ans	2,0	2,0	1,2	1,2	– 5,1
Élévation du cumul emploi-études des jeunes[d]	1 an	0,1	0,0	0,1	0,1	– 0,1
	5 ans	0,4	1,0	0,5	0,2	– 0,5
	10 ans	1,0	1,3	0,4	0,3	– 1,9
Lutte plus efficace et moins idéologique contre la pauvreté[e]	1 an	0,1	0,1	0,1	0,0	– 0,0
	5 ans	0,5	1,1	0,4	0,2	– 0,6
	10 ans	0,8	0,9	0,1	0,2	– 1,5
Étalement de la consolidation budgétaire structurelle[f]	1 an	0,3	0,1	– 0,3	– 0,2	0,2
	5 ans	0,1	0,1	– 0,1	0,0	0,1
	10 ans	0,0	0,0	0,0	0,0	0,1
Total[g]	1 an	0,9	0,1	0,3	0,0	0,0
	5 ans	3,0	2,4	2,8	1,2	– 3,0
	10 ans	6,8	5,9	3,0	2,7	– 13,8

a. Accélération de la PGF de 0,5 point par an, sur cinq ans.
b. Transfert de 0,5 point par an de cotisations employeurs vers l'impôt, sur cinq ans.

c. Accélération de la PGF de 0,5 point par an ; baisse des effectifs publics de 0,5 % par an sur cinq ans ; baisse du taux de cotisations sociales employeurs de 1 point par an sur cinq ans ; baisse du taux d'IS de 1 point par an sur cinq ans ; augmentation du taux de TVA de 0,5 point par an sur l'ensemble de la consommation des ménages.
d. Augmentation de 2 points par an du taux d'activité des 15-25 ans.
e. Durant cinq ans, moindre augmentation du Smic de 1 point par an par rapport à la formule actuelle de revalorisation automatique et augmentation du budget du RSA de 2 milliards d'euros par an.
f. La consolidation structurelle est atténuée de 0,5 point de PIB la première année, 0,5 point de PIB supplémentaire la deuxième année et accentuée de 0,5 point de PIB la troisième année et de 0,5 point de PIB supplémentaire la quatrième année.
g. Somme des effets des différentes politiques engagées.

Les effets obtenus sont au total importants : un PIB plus élevé (au bout de respectivement cinq et dix ans, 3 % et près de 7 % supplémentaires, soit en moyenne plus de 0,5 point de surcroît de croissance annuelle), une augmentation significative de l'emploi (de respectivement environ 2,5 et 6 %), un solde courant rétabli (par un gain d'environ 3 points de PIB), un solde public amélioré (de respectivement plus de 1 point et 2,5 points de PIB) et la dette publique abaissée (de respectivement environ 3 points et 14 points de PIB).

Comme indiqué plus haut, ces évaluations doivent être considérées à titre indicatif, d'autres modèles pouvant aboutir à d'autres résultats. Néanmoins, les orientations qu'elles fournissent peuvent être considérées comme réalistes. Soulignons par ailleurs que les politiques ici simulées demeurent assez modestes et qu'il serait possible d'envisager des politiques plus ambitieuses dont les effets seraient plus importants. De plus, de tels résultats auraient comme impact d'éloigner le risque très présent que la solvabilité à moyen terme de la France ne soit mise en doute par les marchés qui, sinon, soumettraient notre pays, *via* des primes de risque sur les émissions publiques, à des conditions financières insoutenables qui pourraient aboutir à une mise sous le contrôle d'institutions internationales (Commission européenne, BCE et FMI), comme pour d'autres pays européens.

*

Ces simulations montrent donc qu'une stratégie de politique économique ambitieuse peut aboutir à des effets très favorables pour la France, tant en ce qui concerne l'équilibre macroéconomique (le niveau du PIB, et en conséquence également l'emploi), les tensions inflationnistes, le solde courant, le solde et la dette des administrations publiques. Elles confirment qu'une stratégie économique ambitieuse pourrait apporter des réponses opportunes et appropriées aux graves problèmes économiques que connaît actuellement la France. L'engagement de telles réformes n'est plus qu'une question de volonté politique.

CONCLUSION

Changement de modèle et nouveau pacte de croissance européen

L'Europe est au centre de tous les problèmes soulevés dans cet essai. Ainsi, les réformes structurelles, au cœur du changement de modèle que nous préconisons, jouent aussi un rôle décisif dans la réactivation d'une croissance européenne, notamment en permettant la mise en œuvre d'un nouveau pacte de croissance européen.

Un pacte de croissance européen : pourquoi et comment ?

Le contraste entre les performances récentes de l'économie américaine et celles de la zone euro est frappant : la reprise se confirme aux États-Unis alors qu'elle marque le pas du côté européen. La meilleure posture des États-Unis est partiellement due à l'existence de facteurs structurels et technologiques. Les États-Unis se sont dotés d'institutions et de politiques qui favorisent l'innovation, ils sont à la pointe dans la plupart des secteurs innovants, en particulier le numérique et les biotechnologies. Leurs marchés sont réactifs et ils jouissent d'une énergie bon marché. Mais il y a aussi autre chose : les États-Unis et l'Europe n'ont pas suivi la même stratégie macroéconomique de réponse à la crise. Les États-Unis ont d'abord assaini leur système bancaire et, par ailleurs, ils ont donné aux ménages le temps de se désendetter. La Réserve fédérale a mis en œuvre de son côté une politique de soutien à la demande. Elle a réduit ses taux directeurs et s'est montrée très audacieuse en matière de *quantitative easing* : en rachetant massivement des bons du Trésor américain sur le marché secondaire, elle a injecté de la liquidité dans l'économie. Les autorités américaines ont repoussé l'effort d'ajustement budgétaire : celui-ci vient tout juste d'être engagé au terme de l'accord bipartisan conclu en décembre 2013. Au total, les États-Unis ont mis en œuvre la séquence suivante : assainir le système bancaire afin de faire repartir l'économie ; favoriser la reprise de l'activité grâce au soutien de la Réserve fédérale ; et enfin, s'attaquer au déficit et à la dette publics d'une façon progressive.

L'Union européenne a retenu la séquence inverse : elle a d'abord mis l'accent sur la réduction des déficits. Les politiques d'austérité mises en œuvre en Europe l'ont été de façon coordonnée, ce qui a renforcé leurs effets récessionnistes en bridant partout la demande privée. Or il aurait fallu que la demande privée prenne au contraire le relais de la demande publique. L'Union européenne ne s'est que très récemment attaquée à la réforme bancaire.

Et si la BCE, à chaque moment déterminant, a montré qu'elle pourrait aller aux limites de son mandat pour éviter l'éclatement de l'euro, ce mandat demeure cependant plus restrictif que celui de la Réserve fédérale et, par exemple, un bas taux de chômage ne peut constituer l'un de ses objectifs déclarés.

Enfin, le commissaire européen aux Affaires économiques et financières, Olli Rehn, a attendu mai 2013 pour déclarer qu'il fallait corriger les objectifs de déficit budgétaire en fonction du cycle économique ; or il est évident que lorsqu'un pays est en récession, ses objectifs de déficit budgétaire ne peuvent pas être les mêmes qu'en période d'expansion. Il y a longtemps que cette mesure aurait dû être prise. On a fini par le faire, mais beaucoup trop tard.

Comment expliquer que l'Union européenne ait réagi à la crise de cette manière ? Une première raison est qu'il était urgent d'arrêter une hémorragie des dettes souveraines qui se mettait à contaminer le système bancaire et par suite plongeait le système financier européen dans la tourmente. Mais il y a également le fait que les pays du nord de l'Europe, dont l'Allemagne, ne souhaitaient à aucun prix être les fourmis qui allaient payer pour les cigales. Il fallait en quelque sorte punir la Grèce et les autres pays européens qui avaient manqué de rigueur sur le plan budgétaire.

Plus généralement, les pays qui ont déjà réformé leur économie et restructuré leurs dépenses publiques considèrent que leurs voisins devraient le faire à leur tour – et ils n'ont pas tort. Mais, ce faisant, ils ignorent une autre fable de La Fontaine, à savoir « Le Chêne et le Roseau » : en effet, sous la pression de ces pays, la Commission européenne a imposé des règles macroéconomiques, notamment des objectifs de réduction des déficits, qui ne s'ajustent pas en fonction du cycle économique. Cela produit des politiques macroéconomiques procycliques qui aggravent la récession et privent les pays concernés de la possibilité de réaliser les réformes nécessaires pour rétablir leur potentiel de croissance.

Comment inverser le cours des choses et mettre la zone euro sur un nouveau sentier de croissance ? Notre réponse est qu'il faut un nouveau pacte de croissance entre les pays de la zone euro. Un tel pacte consisterait à ce que les pays membres s'engagent à mettre en œuvre des réformes structurelles (approfondissement de la libéralisation des marchés de biens et services et du marché du travail, révision des missions publiques et réforme de l'État...) en échange d'un plus grand gradualisme dans la consolidation budgétaire et de politiques économiques européennes tenant davantage compte du cycle économique.

La mise en œuvre des orientations de politique économique présentées dans les chapitres précédents positionnerait la France sur une trajectoire de croissance soutenable, en particulier en termes de solde courant et de finances publiques. Le renforcement de la crédibilité qui en résulterait nous permettrait d'appeler avec plus de force, dans les enceintes européennes et au G20, les pays dont le solde courant est structurellement excédentaire et dont les finances publiques sont saines à apporter leur contribution effective au rééquilibrage des soldes courants des pays déficitaires.

Au sein de la zone euro, cet appel concernerait essentiellement, compte tenu de la masse de ce pays, l'Allemagne, dont le solde courant est sur les dernières années excédentaire de 6 % du PIB et dont les finances publiques sont proches de l'équilibre. L'appel serait celui d'une dynamisation de la demande intérieure de ce pays, comme cela est d'ailleurs préconisé dans de nombreux rapports, dont celui du FMI sur ce pays dans le cadre de l'article 4.

Trois directions peuvent être évoquées pour des réformes susceptibles d'augmenter rapidement la demande intérieure allemande, sans préjudice pour ce pays du respect des engagements européens, budgétaires en particulier : 1) une baisse des prélèvements sur les ménages, afin de dynamiser les dépenses de consommation ; 2) une augmentation des transferts en faveur des ménages, en particulier ceux visant à lutter contre la pauvreté, cette dernière ayant connu une augmentation importante sur les dernières années ; 3) l'instauration d'un salaire minimum interprofessionnel, l'Allemagne étant l'un des 7 pays de l'Union européenne à ne pas avoir un tel dispositif et les salaires horaires y étant particulièrement faibles dans certaines activités (agriculture, industries agricoles et alimentaires…). La création d'un salaire minimum interprofessionnel est d'ailleurs maintenant l'un des axes essentiels du programme de la grande coalition CDU/CSU-SPD car les inégalités salariales se sont fortement accrues depuis le début de la décennie 2000, avec une forte progression en particulier de la pauvreté laborieuse.

Un double effet peut être attendu de la dynamisation de la demande intérieure allemande et plus largement des pays excédentaires : 1) un renforcement de la croissance à court terme de l'ensemble des pays de la zone euro *via* l'augmentation de la demande des pays excédentaires ; 2) une contribution au rééquilibrage des balances courantes des différents pays de la zone euro par une augmentation des importations des pays excédentaires du fait de l'accélération de leur demande intérieure. Étant donné le poids de l'Allemagne, un choc de demande dans ce pays peut avoir un effet très significatif sur ses partenaires de la zone euro. Dans les pays déficitaires comme la France, la consolidation des finances publiques, dont les effets peuvent être légèrement récessifs à court terme, en sera grandement facilitée. Le rééquilibrage des balances courantes qui en résultera favorisera la sortie de crise de la zone euro.

Cet accord entre une Allemagne qui soutient son activité et la France qui accélère ses réformes sous les auspices européens peut paraître irréaliste à un triple point de vue, d'abord parce que l'Allemagne peut considérer que sa politique est adaptée et qu'il n'est nul besoin de dynamiser sa demande intérieure, ensuite parce que la France peut reculer devant l'obstacle et différer le moment de l'ajustement au-delà de 2015 et, enfin, parce que même si les risques d'éclatement de la zone euro ont été conjurés, les incertitudes sur l'évolution de la zone euro restent majeures.

C'est parce que ce nouveau pacte de croissance est dans le meilleur intérêt des Allemands, des Français et des Européens qu'il devrait avoir des chances de s'imposer. On sait maintenant que l'Allemagne a dramatiquement sous-investi, qu'elle a contracté à l'excès sa demande intérieure, que ses infrastructures se délabrent, que ses excédents de balance courante ont nourri un flux d'investissements hors d'Allemagne à la rentabilité hasardeuse[1]. Il est dans l'intérêt de l'Allemagne de soutenir son économie, elle en a les moyens et elle a commencé à le faire.

S'agissant de la France, la démonstration a été faite que la réforme incrémentale, la recherche du plus petit dénominateur commun, la procrastination ne réglaient rien et alourdissaient le coût de l'adaptation nécessaire. La France peut donc gagner à faire le nécessaire en paraissant enfin fidèle à ses engagements.

Pourquoi Krugman a tort

Dans un blog daté du 8 novembre, donc d'avant le discours de vœux de François Hollande, et intitulé « Ideological Ratings », le prix Nobel d'économie Paul Krugman* fustige la dégradation par Standard & Poor's de la note française de AA+ à AA. Il l'attribue à des considérations purement idéologiques, à une volonté délibérée et partagée avec la Commission européenne de remettre en cause le modèle social français. En même temps, Krugman avance l'idée que nous ne savons rien sur les déterminants de la croissance économique et en particulier que rien ne prouve que la politique française de réduction des déficits publics essentiellement par l'impôt porte atteinte au potentiel de croissance.

Puis, dans un article d'une rare violence publié dans le *New York Times* du 16 janvier 2014, donc après les vœux et la conférence de presse de François Hollande, Paul Krugman dénonce la conversion à l'économie de l'offre de socialistes français égarés et voit dans les engagements de réduction de dépenses annoncés par le président Hollande la promesse d'une récession aggravée alors que nulle urgence ne vient justifier une cure d'austérité prolongée. Son argument est triple : 1) il n'est pas justifié à court terme de déprimer l'activité quand l'activité stagne et que le chômage continue à augmenter, il n'y a donc aucune nécessité à effacer le déficit budgétaire de la France d'autant que les conditions de financement de sa dette restent étonnamment favorables ; 2) la France a plutôt mieux fait en termes

* Paul Krugman a reçu le prix Nobel d'économie en 2008 pour avoir révolutionné la théorie du commerce international ainsi que la théorie de l'économie géographique. Ce ne sont pas ses travaux académiques mais ses récentes prises de position sur la France et l'Europe que nous discutons ici.

économiques globaux que les parangons de la consolidation budgétaire (Finlande, Pays-Bas), elle n'a donc aucune raison de se rallier à des politiques qui ont échoué ; 3) la politique européenne de consolidation budgétaire à laquelle la France a souscrit à des effets comparables à la Grande Récession des années 1930.

Nous sommes tout sauf des défenseurs de Standard & Poor's. En 2008, les agences de notations n'ont pas vu venir la crise des *subprimes* et surtout elles ont octroyé des « triple A » à des actifs financiers qui ne le méritaient pas. Puis, deux ans plus tard, elles ont donné dans l'excès inverse, en se montrant trop alarmistes et par suite en précipitant des pays, y compris ceux de la zone euro, dont la dette publique était relativement sous contrôle comme l'Espagne, dans la récession.

Et le lecteur sait que nous ne sommes pas davantage des défenseurs de l'ultralibéralisme que des apôtres du démantèlement de l'État. Nous croyons au contraire que l'État a vocation à investir dans l'économie du savoir, dans l'innovation et dans la mobilité sociale de façon à réconcilier croissance, maîtrise des déficits et justice sociale.

Cependant, nous sommes en désaccord avec Paul Krugman sur au moins deux points importants. Tout d'abord, avec l'idée que nous ne savons rien sur les politiques de croissance qui marchent. Au contraire, l'expérience internationale et une littérature académique florissante nous renseignent sur les déterminants de la croissance économique ; en particulier, l'une et l'autre montrent les effets positifs sur l'innovation et la croissance des pays développés d'une plus grande concurrence sur le marché des biens, de davantage de flexibilité sur le marché du travail, d'investir mieux dans l'enseignement et la recherche, et de conduire des politiques budgétaires et fiscales plus contracycliques*.

Ensuite, nous ne partageons pas l'idée qu'une politique de réduction des déficits uniquement par l'impôt est sans conséquences pour l'emploi et la croissance. En particulier dans le chapitre 2, nous nous sommes appuyés sur les comparaisons internationales pour montrer que les ajustements reposant sur les réductions de dépenses publiques ont permis de rapidement rétablir la croissance, tandis que l'ajustement basé sur des chocs fiscaux a entraîné des récessions fortes et prolongées. À l'inverse, une augmentation excessive des impôts réduit le pouvoir d'achat à la fois des ménages et des entreprises, d'où son impact récessif prolongé.

Dans sa volonté démonstrative, Paul Krugman n'entre pas dans les subtilités des politiques menées, des particularismes des pays européens et encore moins de l'enjeu de la survie de l'Union européenne. Ainsi ne prend-il pas en compte la différence entre des pays comme l'Allemagne, les Pays-Bas, la Finlande ou l'Autriche qui défendent une vision austéritaire pure et considèrent, au vu des résultats espagnols, que cette politique marche, et l'attitude française qui jusqu'ici a consisté à lier – en paroles mais non en actes – réformes structurelles et consolidation budgétaire étalée dans le temps. Par ailleurs, le bilan qu'il dresse de la situation française est quelque peu candide, il suffit en effet de se reporter à notre chapitre 1 pour constater que malheureusement la réalité française est bien moins souriante qu'il ne la décrit.

Enfin, si le risque d'effondrement de la zone euro a été éloigné, si la menace des marchés a reculé et si des dispositifs pare-crises ont été inventés, aucun des problèmes

---

* Voir nos discussions aux chapitres 3 et 7.

fondamentaux de la zone euro n'a été réglé, ni la crise de surendettement de certains pays, ni la crise bancaire, ni les problèmes de compétitivité Nord/Sud. L'exemple de l'Union bancaire montre la fragilité d'un édifice basé sur la méfiance, la généralisation de solutions de *bail-in*, les dispositifs nationaux de solidarité, la solidarité européenne restant en jachère. Dans ce contexte, le principal regret de Paul Krugman est que la France ne rompe pas « avec la logique destructrice de ceux qui promeuvent une logique d'austérité », c'est-à-dire en bon français avec la Commission européenne, l'Allemagne, et plus généralement tous ceux qui ont signé le Traité sur la stabilité, la coordination et la gouvernance (TSCG).

L'Union européenne et la zone euro, avec toutes leurs imperfections institutionnelles, restent l'horizon indépassable des politiques des pays européens pour des raisons qui tiennent à la peur du vide géopolitique, aux effets économiques dévastateurs d'un éclatement de la zone euro et à la volonté de peser encore dans la définition des règles du jeu économique face aux puissances montantes.

La solution ne réside ni dans les rodomontades antiaustéritaires, antibruxelloises dans lesquelles les Français excellent déjà, ni dans un « saut fédéral », dont les peuples ne veulent pas, mais dans l'exercice appliqué de consolidation de l'édifice communautaire et de réparation progressive des défauts d'architecture aujourd'hui bien identifiés.

Le pacte européen de croissance que nous proposons ici répond à ces conditions, car il est fondé sur des mesures à la fois utiles aux pays concernés, permettant à la France de retrouver une crédibilité perdue, et ouvrant la voie à une relance européenne.

La France n'est pas audible quand elle propose un budget de la zone euro, une esquisse de politique sociale et une relance des politiques de l'énergie ou de la défense et prétend dans le même temps s'affranchir des règles communes, protéger de manière sourcilleuse sa souveraineté et dénoncer l'Europe disciplinaire.

La responsabilité des hommes politiques est donc immense : ils doivent réformer la France sans casser la dynamique de reprise, consolider l'Europe sans céder aux mirages austéritaires dans un contexte général marqué par la défiance des peuples et la faiblesse des marges de manœuvre. Pour tout cela, il faut… changer de modèle.

Notes bibliographiques

CHAPITRE PREMIER
Enrayer le déclin

1. Antonin Bergeaud, Gilbert Cette et Rémy Lecat (2014), *Productivity Trends from 1890 to 2012 In Advanced Countries, Document de travail de la Banque de France*, février, n° 475.

2. Voir par exemple les deux rapports du CAE auxquels ont contribué les auteurs du présent ouvrage : Philippe Aghion, Gilbert Cette, Élie Cohen et Jean Pisani-Ferry (2007), *Les Leviers de la croissance française*, rapport n° 72, La Documentation française ; Philippe Aghion, Gilbert Cette, Élie Cohen et Mathilde Lemoine (2011), *Croissance et crise : une stratégie pour la France*, rapport n° 100, La Documentation française.

3. Voir les travaux de Renaud Bourlès et Gilbert Cette (2007), « Trends in "structural" productivity levels in the major industrialized countries », *Economics Letters*, 95.

4. Louis Gallois (2012), *Pacte pour la compétitivité de l'industrie française*, rapport au Premier ministre, 5 novembre.

5. Gilbert Cette et Arnaud Sylvain (2013), « Situation financière des entreprises : la France décroche », *Futuribles*, novembre-décembre, n° 397.

6. Pour plus de détails sur ces aspects, *cf.* Philippe Askenazy, Gilbert Cette et Arnaud Sylvain (2012), *Le Partage de la valeur ajoutée*, La Découverte, collection « Repères », n° 576.

7. Cet aspect est plus longuement traité dans les deux rapports déjà cités des mêmes auteurs Aghion, Cette, Cohen et Pisani-Ferry (2007) et Aghion, Cette, Cohen et Lemoine (2011), *op. cit.*

8. Pour plus de détails sur ces aspects, *cf.* Askenazy, Cette et Sylvain (2012), *op. cit.*

9. Camille Landais (2008), « Top incomes in France : Booming inequalities ? », *Paris School of Economics Mimeo* ; Olivier Godechot (2011), « Finance and the rise of inequalities in France », École d'économie de Paris, *Working Papers*, avril, n° 2011-13.

10. *Cf.* Tony Atkinson, Thomas Piketty et Emmanuel Saez (2011), « Top incomes in the long run of history », *Journal of Economic Litterature*, 49, 1, p. 3-71.

11. On résume ici des développements de Gilbert Cette (2013), « Does ICT remain a powerful engine for growth ? », *Presidential Address*, AFSE, 25 juin et de Bergeaud, Cette et Lecat (2014), *op. cit.*

12. Voir R. Gordon (2012), « Is US economic growth over ? Faltering innovation confronts the six headwinds », *NBER Working Papers*, août, n° 18315 ; Robert Gordon (2013), « US productivity growth : A not so optimistic perspective », *International Productivity Monitor*, Centre for the Study of Living Standards, printemps, vol. 25, p. 13-19 ; R. Gordon (2013), « US productivity growth : The slowdown has returned after a temporary revival », *International Productivity Monitor*, printemps, n° 25 ; D. Byrne, D. Sichel et S. Oliner (2013), « Is the information technology over ? », *International Productivity Monitor*, printemps, n° 25.

13. Les évolutions commentées ici pour la France s'observent également pour la plus grande part des pays d'Europe continentale. *Cf.* pour une synthèse récente : Bart van Ark, Mary O'Mahony et Marcel Timmer (2008), « The productivity gap between Europe and the US : Trends and causes », *Journal of Economic Perspectives*, hiver, vol. 22, n° 1 ; B. van Ark, V. Chen et K. Jäger (2013), « European productivity growth since 2000 and future prospects », *International Productivity Monitor*, printemps, n° 2.

14. Pour une synthèse, *cf.* Bergeaud, Cette et Lecat (2014), *op. cit.*

15. Voir sur ces questions Gilbert Cette et Jimmy Lopez (2012), « ICT demand behaviour : An international comparison », *Economics of Innovation and New Technology, Taylor and Francis Journals*, vol. 21 (4), juin, p. 397-410.

16. *Ibid.*

CHAPITRE 2
Penser autrement

1. *Cf.* « Why our response to crisis isn't wrong », www.independent.ie, 4 janvier 2009.

2. John Cogan, Tobias Cwik, John B. Taylor et Volker Wieland (2010), « New keynesian v. old keynesian government spending multiplier », *Journal of Economic Dynamics and Control*, mars, vol. 34, n° 3, p. 281-295. Voir aussi Roberto Perrotti (2005), « Estimating the effects of fiscal policy in OECD countries », *CEPR Discussion Papers*, n° 4842, selon lequel un multiplicateur supérieur à 1 s'observe seulement aux États-Unis dans la période antérieure à 1980.

3. Sur ces développements, voir Emmanuel Farhi, Gita Gopinath et Oleg Itkhoki (2011), « Fiscal devaluations », *NBER Working Papers*, n° 17662.

4. John Meynard Keynes (1925), *The Economic Consequences of Mr. Churchill*, Leonard and Virginia Woolf at the Hogarth Press, 32 pages.

5. Voir notamment Alberto Alesina, Silvia Ardagna et Francesco Giavazzi (2012), « The output effects of fiscal consolidations », *NBER Working Papers*, n° 18336.

6. Tous ces développements s'appuient sur les travaux d'Alberto Alesina et Silvia Ardagna (2010), « Large changes in fiscal policy : Taxes versus spending », NBER Chapters *in Tax Policy and the Economy,* National Bureau of Economic Research, Inc., vol. 24, p. 35-68.

7. *Ibid.*

8. *Ibid.*

9. Benjamin Montmartin (2012), « Intensité de l'investissement privé en R&D dans les pays de l'OCDE : Impact et complémentarité des mesures de soutien financier », *Working Papers*, halshs-00683648, HA.

10. *Ibid.*

11. Voir Daron Acemoglu, Ufuk Akcigit, Nicholas Bloom et William Kerr (2013), « Innovation, reallocation and growth », *NBER Working Papers*, n° 18993.

12. Voir Henri Capron et Bruno van Pottelsberghe de la Potterie (1997), « Public support to business R&D : A survey and some new quantitative evidence », *in Policy Evaluation in Innovation and Technology*, OECD.

13. Voir Montmartin (2012), *op. cit.*

14. Voir Paul A. David, Bronwyn H. Hall et Andrew A. Toole (2000), « Is public R&D a complement or substitute for private R&D ? A review of the econometric evidence », *Research Policy*, n° 29, p. 497-529.

15. Voir Bronwyn H. Hall et John Van Reenen (2000), « How effective are fiscal incentives for R&D ? A review of the evidence », *Research Policy*, n° 29, p. 449-469.

16. Damien Lentile et Jacques Mairesse (2009), « A policy to boost R&D : Does the R&D tax credit work ? », *EIB Papers*, vol. 14, p. 143-169.

17. Ce rapport intitulé *Equality of Opportunity Project*, par les économistes Raj Chetty, Nathaniel Hendren, Patrick Kline, Emmanuel Saez et Nicholas Turner, peut être téléchargé à l'adresse : www.equality-of-opportunity.org.

18. Philippe Aghion, Rachel Griffith et Alexandra Roulet (2014), « Concurrence, destruction créatrice et mobilité sociale », *Harvard Mimeo.*

19. Par les économistes E. Hanushek et L. Woessmann *in* Eric A. Hanushek, Susanne Link et Ludger Woessmann (2011), « Does school autonomy make sense everywhere ? Panel estimates from PISA », *NBER Working Papers*, n° 17591.

20. Source : Jean-Hervé Lorenzi (2011), *Le Fabuleux Destin d'une puissance intermédiaire*, Grasset, p. 84.

21. Philippe Aghion, Yann Algan et Pierre Cahuc (2011), « Civil society and the State : The interplay between cooperation and minimum wage regulation », *Journal of the European Economic Association*, vol. 9 (1), p. 3-42, 02.

22. Sur ces aspects, *cf.* Pierre Cahuc, Gilbert Cette et André Zylberberg (2008), *Salaire minimum et bas revenus*, rapport du CAE, n° 79.

23. Élie Cohen, *Le Colbertisme high-tech. Économie du grand projet*, Hachette, collection « Pluriel », 1992.

24. Philippe Aghion, Julian Boulanger et Élie Cohen (2011), « Rethinking industrial policy », *Bruegel Policy Brief*, 2011/04.

CHAPITRE 3
Définir une stratégie de réformes

1. Voir, par exemple, les deux rapports du CAE auxquels ont contribué les auteurs du présent ouvrage : Aghion, Cette, Cohen et Pisani-Ferry (2007), *op. cit.* ; Aghion, Cette, Cohen et Lemoine (2011), *op. cit.*

2. Philippe Aghion, Richard Blundell, Rachel Griffith, Peter Howitt, Susanne Prantl (2006), « The effects of entry on incumbent innovation and productivity », *NBER Working Papers*, n° 12027.

3. Philippe Aghion, Leah Boustan, Caroline Hoxby et Jérôme Vandenbussche (2005), « Exploiting States' mistakes to identify the causal impact of higher education on growth », *Working Papers*, Harvard University.

4. Gilbert Cette, Philippe Askenazy, Philippe Aghion, Renaud Bourlès et Nicolas Dromel (2008), « Distance à la frontière technologique, rigidités de marché, éducation et croissance », *Économie et statistique, Programme national Persée*, vol. 419 (1), p. 11-30.

5. André Sapir (2006), « La globalisation et la réforme des modèles sociaux européens », *Reflets et perspectives de la vie économique*, De Boeck Université, vol. 1, p. 117-130.

CHAPITRE 4
L'indispensable réforme de l'État

1. L'écriture de ce chapitre a bénéficié de la collaboration d'Alain Quinet.

2. Agnès Verdier-Molinié (2013), *60 milliards d'économies*, Albin Michel.

3. Cité par Agnès Verdier-Molinié (2013), *op. cit.*

4. Verdier-Molinié (2013), *op. cit.*

5. Voir pour la description des consolidations fiscales : Hansjörg Blöchliger, Dae-Ho Song et Douglas Sutherland (2012), « Fiscal consolidation. Part 4 : Case studies of large fiscal consolidation episodes », *OECD Economics Department Working Papers*, n° 935.

6. René Dosière (2012), *L'État au régime. Gaspiller moins pour dépenser mieux*, Seuil.

7. Rapport de la Cour des comptes, septembre 2011.

8. Ces travaux ont en particulier été développés par Philippe Aghion et Fabrice Murtin.

9. P. Askenazy, B. Dormont et E. Geoffard (2013), « Pour un système de santé plus efficace », juillet, *Note du CAE*, n° 8.

10. *Cf.* par exemple, sur ces questions, B. Coquet (2010a) : « Les intermittents du spectacle : un régime d'assurance-chômage avantageux et discutable », *Futuribles*, n° 367 ; B. Coquet (2010b) : « Contrats courts et segmentation du marché du travail en France : le rôle paradoxal de l'assurance-chômage », *Futuribles*, n° 368.

CHAPITRE 5
Réformes structurelles et mobilité sociale

1. Raj Chetty, John N. Friedman et Jonah E. Rockoff (2013), « Measuring the impacts of teachers. I : Evaluating bias in teacher value-added estimates », *NBER Working Papers*, n° 19423.

2. Andrew E. Clark et Fabien Postel-Vinay (2009), « Job security and job protection », *Oxford Economic Papers*, n° 61.

3. Ces développements sur la formation professionnelle reprennent des éléments de Jacques Barthélémy et Gilbert Cette (2013), « Réformer vraiment la formation professionnelle », Institut de l'entreprise, *Policy Papers*, septembre ; document en ligne : http://www.institut-entreprise.fr/index.php?id=1724. Ils s'inspirent aussi de Pierre Cahuc, Marc Ferracci et André Zylberberg (2011), *Formation professionnelle. Pour en finir avec les réformes inabouties*, Institut Montaigne, octobre.

4. *Cf.* Pierre Cahuc, Marc Ferracci et André Zylberberg (2013), « Formation professionnelle : un accord qui ne change rien », *Les Échos*, 24 décembre.

5. *Ibid.*

6. Pour plus de détails sur ces aspects, *cf.* Gilbert Cette et Jacques Barthélémy (2013), *Refonder le droit social. Mieux concilier protection des travailleurs et efficacité économique*, La Documentation française, 2e édition.

7. Voir, par exemple, pour le seuil de 50 salariés, Luis Garicano, Claire LeLarge et John Van Reenen (2012) : « Firm size distortions and the productivity distribution : Evidence from France », *Mimeo*, 1er mars.

8. Jacques Barthélémy et Gilbert Cette (2006), « Réformer et simplifier le droit du travail *via* un rôle accru du droit conventionnel », *Droit social*, janvier, n° 1, p. 24-36.

9. Voir Bruno Coquet et Arnaud Sylvain (2007), « L'indemnisation du chômage : éléments pour une réforme », *Sociétal*, n° 55.

10. Voir à ce sujet les analyses approfondies de Jean-François Jamet et Xavier Piccino et par exemple (2009) : « Peut-on vraiment réformer les professions réglementées ? », *La Gazette de la société et des techniques*, septembre, n° 53, repris dans *Problèmes économiques*, 6 janvier 2010, n° 2986.

11. Voir, par exemple : Renaud Bourlès, Gilbert Cette, Jimmy Lopez, Jacques Mairesse et Giuseppe Nicoletti (2010), « Do product market regulations in upstream sectors curb productivity growth ? Panel data evidence for OECD countries », *NBER Working Papers*, novembre, n° 16520 ; *id.* (2010), « The impact on growth of easing regulations in upstream sectors », *CESifo, DICE Report, Journal of Institutional Comparisons*, automne, vol. 8, n° 3 ; Gilbert Cette, Jimmy Lopez et Jacques Mairesse (2013), « Upstream product market regulations, ICT, R&D and productivity », *NBER Working Papers*, octobre, n° 19488.

12. Giuseppe Nicoletti et Stefano Scarpetta (2003), « Regulation, productivity and growth », *Economic Policy*, vol. 1, n° 36, p. 11-72.

13. Voir par exemple sur ces expériences Germain Belzile et Vincent Geloso (2010), « The taxi industry : On the road to reform », *Economic Note*, Montreal

Economic Institute, août, consultable sur http://www.taxi-library.org/montreal-economic-institute-2010.pdf.

14. OCDE (2013), *France : Redresser la compétitivité*, novembre.

15. Philippe Askenazy et Katia Weidenfeld (2007), « Les soldes de la loi Raffarin. Le contrôle du grand commerce alimentaire », *Opuscules du CEPREMAP*, n° 7.

16. Nathan Nunn et Daniel Trefler (2010), « The structure of tariffs and long-term growth », *American Economic Journal : Macroeconomics*, American Economic Association, vol. 2 (4), octobre, p. 158-194.

17. Philippe Aghion, Antoine Dechezleprêtre, David Hemous, Ralf Marti et John Van Reenen (2012), « Carbon taxes, path dependency and directed technical change : Evidence from the auto industry », *NBER Working Papers*, n° 18596.

18. Daron Acemoglu, Philippe Aghion, Leonardo Bursztyn et David Hemous (2012), « The environment and directed technical change », *American Economic Review*, American Economic Association, février, vol. 102 (1), p. 131-166.

19. Aghion, Cette, Cohen et Lemoine (2011), *op. cit.*

20. Aghion, Boulanger et Cohen (2011), *op. cit.*

21. Philippe Aghion, Mathias Dewatripont, Luosha Du, Ann Harrison et Patrick Legros (2012), « Industrial policy and competition », *NBER Working Papers*, n° 18048.

CHAPITRE 6
Quelle réforme fiscale ?

1. Camille Landais, Thomas Piketty et Emmanuel Saez (2011), *Pour une révolution fiscale*, Seuil, collection « La République des idées ».

2. Jens Mathias Arnold, Bert Brys, Christopher Hendy, Asa Johansson, Cyrille Schwellnus et Laura Vartia (2011), « Tax policy for economic recovery and growth », *The Economic Journal*, février, 121, F59-F90.

3. Aghion, Cette, Cohen et Lemoine (2011), *op. cit.*

CHAPITRE 7
Éléments d'évaluation de notre programme de réformes

1. Jean-Louis Brillet, Gilbert Cette, Ian Gambini et Lagoarde-Segot (2013), *MacSim. Outil d'évaluation des politiques économiques*, à paraître aux éditions De Boeck, coll. « LMD économie ».

2. *Cf.* par exemple Philippe Aghion, Philippe Askenazy, Renaud Bourlès, Gilbert Cette et Nicolas Dromel (2009), « Education, market rigidities and growth », *Economics Letters*, n° 102, p. 62-65 ; Renaud Bourlès, Gilbert Cette, Jimmy Lopez, Jacques Mairesse et Giuseppe Nicoletti (2013) : « Do product market regulations in upstream sector curb productivity growth ? Panel data evidence for OECD countries », *The Review of Economics and Statistics*, décembre, 95 (5), p. 1750-1768.

3. Par exemple Aghion, Cette, Cohen et Pisani-Ferry (2007), *op. cit.* ; Aghion, Cette, Cohen et Lemoine (2011), *op. cit.* ; Jaques Attali (sous la présidence de)

(2010), *Une ambition pour dix ans. Rapport de la Commission pour la libération de la croissance*, rapport remis au Premier ministre en octobre 2010.

4. *Cf.* Antonin Bergeaud, Gilbert Cette et Rémy Lecat (2014), « Productivity trends from 1890 to 2012 in advanced countries », *Document de travail de la Banque de France*, à paraître.

5. Le contenu de cette politique reprend des éléments d'analyse des rapports du Groupe d'experts sur le Smic (*cf.* en particulier celui de décembre 2012).

6. *Cf.* Gilbert Cette, Valérie Chouard et Gregory Verdugo (2012), « Les effets des hausses du Smic sur le salaire moyen », *Économie et statistique*, n° 448-449, p. 3-28.

CONCLUSION
Changement de modèle et nouveau pacte de croissance européen

1. « Investment for more growth. An agenda for Germany's future », *DIW Economic Bulletin*, 2013/08.

Table

Introduction 7

CHAPITRE 1 – Enrayer le déclin 15

L'état de la France en quelques faits stylisés 16

Un niveau de PIB par habitant qui décroche par rapport aux pays rhénans, anglo-saxons et nordiques 16

Un effondrement de la compétitivité française 20

Une dégradation ancienne de la situation financière des entreprises 24

Malgré une politique favorable, l'effort de R&D des entreprises décroît 27

Un niveau de chômage élevé persistant et des taux d'emploi très bas pour les seniors et surtout les jeunes 28

Une situation très dégradée des finances publiques 31

Une égalité des chances en baisse continue 34

Les inégalités de salaires et de revenus : le paradoxe français 38

Une opportunité de croissance à ne pas manquer 42
Les vagues de croissance de la productivité 43
Les perspectives de croissance de la productivité 47

CHAPITRE 2 – Penser autrement 51

Rompre avec un keynésianisme primitif 53
Pourquoi changer de paradigme ? 54
Le débat sur la dévaluation fiscale 55
La France doit cesser d'utiliser l'impôt comme principal outil de réduction des déficits publics 59

Fiscalité et inégalités : réalités et imaginaire national 63
Les fausses idées sur la fiscalité optimale 63
Tout surcroît d'impôt n'est pas rattrapable par des subventions publiques 69
S'attaquer aux inégalités en relançant l'ascenseur social 72
Comment accroître la mobilité sociale ? 73
Refonder l'école pour relancer l'ascenseur social 78
Repenser le rôle et la politique du Smic 82

Repenser la politique industrielle 85
Quels critères pour un ciblage sectoriel ? 88
Quelle gouvernance pour les politiques sectorielles ? 88
L'impératif écologique a un coût 89

CHAPITRE 3 – Définir une stratégie de réformes 95

Les leviers d'une croissance par l'innovation 96

Pour une croissance inclusive 102

Les principales orientations de la stratégie de réformes préconisée 107
La réforme de l'État pour consolider nos finances publiques (chapitre 4) 107
Les réformes structurelles (chapitre 5) 107
La réforme fiscale (chapitre 6) 108

CHAPITRE 4 – L'indispensable réforme de l'État 109

Pourquoi réformer l'État ? 110

D'autres l'ont fait :
les expériences australienne, canadienne et suédoise 113
La crise comme catalyseur 114
Réduction des dépenses
ou augmentation des recettes ? 116
Le contenu de la consolidation 118
Une autre gouvernance 120
Qu'en est-il de la France ? 122

La réforme est payante ! 123
Pour le PIB par tête 124
Pour le taux de chômage 126
Pour le ratio dette publique sur PIB 130
La poursuite des réformes aide à la réélection 133

Quatre chantiers à traiter en priorité 137
Supprimer le millefeuille territorial 137
Réformer l'assurance-maladie 140
Revoir le système de retraites 146
La réforme de l'indemnisation du chômage 150

Vers un État plus efficace 151

CHAPITRE 5 – Réformes structurelles
et mobilité sociale 153

Investir dans la mobilité 154
Réformer l'école pour stimuler la croissance
et réduire les inégalités 154
Le mythe de l'égalité formelle :
l'exemple de l'université 160
Une nécessaire refondation de notre système
de formation professionnelle 165

Réformer le marché du travail 171
Augmenter le taux d'emploi des jeunes 171
Concilier la protection des travailleurs
et l'efficacité économique 172
Réduire la dualité du marché du travail 176

Lutter plus efficacement contre la pauvreté 178
Le Smic 179
L'impôt négatif 181

Dynamiser le marché des biens 182
La France comparée aux autres pays de l'OCDE 182
Quelques secteurs où la concurrence
demeure très insuffisante 185

Pour une nouvelle politique industrielle 198
Stimuler l'innovation verte
et la transition énergétique 199
L'aide sectorielle contrecarre l'existence
de contraintes de crédit 202
Améliorer la gouvernance de l'aide sectorielle 202

CHAPITRE 6 – Quelle réforme fiscale ? 205

Pourquoi réformer la fiscalité française ? 206

La fiscalité chez nos voisins rhénans et nordiques 212

Que nous enseignent les analyses économétriques ? 218

Quelles idées pour un nouveau système fiscal en France ? 220
Les principes 220
Les lignes de force d'une réforme fiscale 222

CHAPITRE 7 – Éléments d'évaluation
de notre programme de réformes 233

Les réformes simulées 235

Les principaux effets des réformes 240

CONCLUSION – Changement de modèle et nouveau pacte de croissance européen 245

Un pacte de croissance européen : pourquoi et comment ? 245

Pourquoi Krugman a tort 251

Notes bibliographiques 257

Composition et mise en pages
NORD COMPO (Villeneuve-d'Ascq)

Achevé d'imprimer en avril 2014 sur rotative numérique Prosper
par Soregraph à Nanterre (Hauts-de-Seine).

Dépôt légal : avril 2014
N° d'édition : 7381-3023-2
N° d'impression : 13776

Imprimé en France

L'imprimerie Soregraph est titulaire de la marque Imprim'vert® depuis 2004.
Ce livre est imprimé sur papiers issus de forêts gérées durablement.